utb 5737

Eine Arbeitsgemeinschaft der Verlage

Brill | Schöningh – Fink · Paderborn
Brill | Vandenhoeck & Ruprecht · Göttingen – Böhlau Verlag · Wien · Köln
Verlag Barbara Budrich · Opladen · Toronto
facultas · Wien
Haupt Verlag · Bern
Verlag Julius Klinkhardt · Bad Heilbrunn
Mohr Siebeck · Tübingen
Narr Francke Attempto Verlag – expert verlag · Tübingen
Ernst Reinhardt Verlag · München
transcript Verlag · Bielefeld
Verlag Eugen Ulmer · Stuttgart
UVK Verlag · München
Waxmann · Münster · New York
wbv Publikation · Bielefeld
Wochenschau Verlag · Frankfurt am Main

Für Anna und Pietro

Pierfrancesco Basile, geb. 1969, ist Privatdozent am Institut für Philosophie der Universität Bern. Er hat Philosophie in Italien, Schottland, der Schweiz und den USA studiert. Seine Hauptinteressen liegen im Bereich der Geschichte der Philosophie und der Metaphysik.

Pierfrancesco Basile

Antike Philosophie

transcript Verlag, Bielefeld

Diese Publikation wurde im Rahmen des Fördervorhabens 16TOA002 mit Mitteln des Bundesministeriums für Bildung und Forschung im Open Access bereitgestellt.

Bibliografische Information der Deutschen Nationalbibliothek
Die Deutsche Nationalbibliothek verzeichnet diese Publikation in der Deutschen Nationalbibliografie; detaillierte bibliografische Daten sind im Internet über http://dnb.d-nb.de abrufbar.

Einbandgestaltung: Atelier Reichert, Stuttgart
Lektorat: Laura Kampmann
Satz: Michael Rauscher
Druck: Friedrich Pustet GmbH & Co. KG, Regensburg
Print-ISBN 978-3-8252-5737-8
PDF-ISBN 978-3-8385-5737-3

Gedruckt auf alterungsbeständigem Papier mit chlorfrei gebleichtem Zellstoff.
Besuchen Sie uns im Internet: *https://www.transcript-verlag.de*
Unsere aktuelle Vorschau finden Sie unter *www.transcript-verlag.de/vorschau-download*

Inhalt

Vorwort

In diesem Buch versuche ich, einige der grundlegenden Fragen der antiken Philosophen, ihre Antworten darauf und die sie stützenden Gedankengänge in einfachen, aber nicht trivialisierenden Worten zu erklären. Fachkenntnisse werden keine vorausgesetzt; ich möchte aber nicht nur informieren, sondern eine *philosophische* Einführung in die antike Philosophie bieten – eine, die zum Selbstdenken anregt.

Gleichzeitig will ich eine *Geschichte* erzählen, jene der Entstehung der westlichen Rationalität. Auch wenn uns dies nicht bewusst sein mag, bewegen sich unsere Gedanken doch immer noch innerhalb eines Horizontes, der von den alten Griechen definiert wurde. Sie haben das Fundament gelegt, auf dem spätere Theoriegebäude – religiöse, politische und wissenschaftliche – errichtet wurden.

Natürlich bedeutet dies nicht, dass wir genau wie die alten Griechen denken. Es wäre nicht nur naiv, sondern auch etwas selbstgefällig, zu erwarten, dass sie unsere Vorlieben und Wertvorstellungen geteilt hätten. Gerade dort, wo die antike Denkweise sich von der heutigen unterscheidet, wird sie aber wirklich interessant: Es ist stets das Fremde und Unvertraute, oder einfach nur das Vergessene, das ungeahnte Perspektiven aufzeigt.

Die griechischen Denker waren auf jeden Fall die ersten, die philosophiert haben: Sie sind der Welt mit einer geistigen Offenheit begegnet, die so inspirierend wie befreiend ist.

Ich möchte mich bei Franz Portmann und Jonas Pfister für ihre wertvollen Kommentare zu einer früheren Version dieses Textes bedanken. Ein spezieller Dank gilt Susanne Kübler für ihre ebenso stoische wie großzügige Unterstützung.

Pierfrancesco Basile

I. Am Anfang war der Mythos
Hesiod und die ersten Philosophen

1. Einführung: Die Entstehung der Philosophie

Das Wort »Mythos« bedeutet »Sage«, »Erzählung«. In den Werken von Homer *(Ilias, Odyssee)* und Hesiod *(Werke und Tage, Theogonie)* werden die Taten von Helden und Göttern zelebriert. In diesen Schriften, die zwischen dem 8. und dem 7. Jh. v. Chr. entstanden sind, ist die Weisheit von Generationen kondensiert. Wie man zu leben hat, was Mut und Ehre sind, welche Gefahren wie vermieden werden können, die Lage des Menschen innerhalb der ihn umgebenden, oft bedrohlichen Natur – all dies wird in anschaulichen Bildern und unvergesslichen Geschichten thematisiert. Aus dieser antiken Weisheit, zugleich aber auch in polemischer Auseinandersetzung mit ihr, entwickelt sich im 6. Jh. v. Chr. die Philosophie.

Erste Anzeichen einer neuen Denkart lassen sich in den griechischen Kolonien an der kleinasiatischen Küste und im heutigen Süditalien finden. Dank des hier blühenden Handels konnten einige Menschen es sich leisten, ihre Zeit der freien, auf keinen unmittelbaren Nutzen ausgerichteten Forschung zu widmen. In diesen reichen Handelszentren kam man auch öfter in Kontakt mit anderen Völkern – die Unterschiede in der Lebensweise, im allgemeinen Weltbild sowie in den religiösen und ethischen Vorstellungen regten das Denken der Griechen an. Diese durften zudem ihre Gedanken frei entfalten, oder zumindest freier als andere Völker. Denn einerseits kannten die Griechen kein heiliges Buch, wie etwa die Bibel oder den Koran; ihr Denken wurde daher nicht von vornherein in ein Korsett gezwängt. Andererseits gab es zu dieser Zeit keine überall herrschende politische Macht in Griechenland; man musste also nicht allzu sehr fürchten, für die eigene Meinung bestraft zu werden.

Diese vier Faktoren – *materieller Reichtum, Kontakt mit fremden Kulturen, eine relative religiöse und politische Freiheit* – begünstigten das Entstehen der Philosophie. Damit vollzog sich eine tiefgreifende Wende in der westlichen Kultur. Um ihre Bedeutung zu verstehen, werden in diesem Kapitel einige Verse aus Hesiods *Theogonie* analysiert. Danach wird Hesiods außergewöhnliche »Erzählung« mit den Gedanken der allerersten Philosophen verglichen.

Ein solcher Vergleich ist aber nur deshalb möglich, weil es eine tiefe Verbindung gibt zwischen Mythos und Philosophie. Dies wurde schon von den antiken Denkern erkannt: So bemerkte Aristoteles, dass sowohl die Philosophie als auch der Mythos ihren Ursprung im Staunen haben – im »Sichwundern«, das einen erfasst, wenn einem bewusst wird, wie wenig man von der Welt versteht. Der vertraute Alltag erscheint Philosophen wie Dichtern als zutiefst rätselhaft, und daher als erklärungsbedürftig.

Auch Aristoteles' Lehrer Platon hatte einen ähnlichen Gedanken ausgedrückt. In einem fiktiven Gespräch zwischen dem Philosophen Sokrates und einem jungen Mathematiker namens Theaitetos lässt Platon diese diskutieren:

> Theaitetos: Wahrlich, bei den Göttern, Sokrates, ich erstaune ungemein, wie dieses wohl sein mag; ja bisweilen, wenn ich recht hinsehe, schwindelt mir ordentlich.
>
> Sokrates: [D]ies ist der Zustand eines gar sehr die Weisheit liebenden Mannes, das Erstaunen; ja es gibt keinen anderen Anfang der Philosophie als diesen [...]. (TT, 170)

Es ist dieses Staunen, das die griechischen Sagen und den philosophischen Wissensdrang zugleich nährt. Auslöser für diese Verwunderung ist eine Tatsache, die man sich nicht erklären kann. Während Theaitetos und Sokrates sich darüber wundern, dass die Dinge sich verändern, nennt Aristoteles als Beispiele »die automatischen Kunstwerke«, »die Wendungen der Sonne« und »die Irrationalität der Diagonalen« (ME, 43).

Ein solches Staunen ist aber auch eines, das man aus der eigenen Kindheit kennt und das einen im Alter fast nur noch in besonderen, nicht immer erfreulichen Augenblicken ergreift, in einer persönlichen Krise etwa, oder beim Tod einer geliebten Person. Bei Ereignissen also, die eine plötzliche Veränderung in der Wahrnehmung der Wirklichkeit verursachen, ein Infragestellen üblicher Meinungen nach sich ziehen, und damit auch eine dringende Frage – warum?

2. Das mythologische Weltbild

Am Anfang der *Theogonie* (das Wort bedeutet »Geburt der Götter«; aus *theos* = Gott und *genesis* = Geburt) erzählt Hesiod von seiner Begegnung mit den Musen, den Töchtern des Zeus.[1] Diese erscheinen ihm in der Nähe des Berges Helikon, wo sie wohnen. Als Vertreter der menschlichen Spezies ist Hesiod ihnen klar unterlegen. Die Musen verachten ihn deswegen so sehr, dass sie ihn beschimpfen. Dennoch erzählen sie ihm eine Geschichte und fordern ihn auf, diese unter den Menschen zu verbreiten. Vielleicht aus Misstrauen verleihen sie ihm die dazu notwendige Inspiration, indem sie ihm »göttlichen Sang« einhauchen.

Die Erzählung der Musen beginnt mit den folgenden Worten:

> Zuerst nun war das Chaos, danach die breitbrüstige Gaia, niemals wankender Sitz aller Unsterblichen [...]; weiter entstand Eros, der schönste der unsterblichen Götter, der gliederlösende, der allen Göttern und Menschen den Sinn in der Brust überwältigt und ihr besonnenes Denken. Aus dem Chaos gingen Erebos und die dunkle Nacht hervor, und der Nacht wieder entstammten Aither und Hemer, die sie gebar, befruchtet von Erebos' Liebe. (TH, 13)

Der Inhalt dieser Offenbarung lässt sich in drei Punkten zusammenfassen:

1. *Der Ursprung.* Die Welt ist aus einem Prinzip entstanden, das die Musen »Chaos« nennen, was auf Griechisch nicht »Unordnung« bedeutet, sondern eher »Leere« oder »Abgrund«; diese unfassbare Tiefe generiert alle existierenden Dinge.
2. *Die Welt.* Die ganze Natur tritt aus dem ursprünglichen Abgrund hervor, nicht auf einmal, sondern in einer klaren Reihenfolge: (1) Zuerst entstehen *Gaia* (die Erde) und *Eros* (das sexuelle Begehren), (2) dann *Erebos* (die Finsternis) und die *Nacht*, (3) schließlich *Aither* (das Licht) und *Hemer* (der helle Tag).
3. *Das innerweltliche Schöpfungsprinzip.* Eine spezielle Rolle in dieser Geschichte spielt *Eros*. Er selbst ist aus dem Ursprung entstanden. *Innerhalb der Naturwelt* ist er jedoch ein unwiderstehliches Schöpfungsprin-

---

1 Die Darstellung in diesem Abschnitt ist insbesondere Roochnik (2004, S. 12–16) verpflichtet.

zip; Hesiod beschreibt ihn als den schönsten unter den Göttern, der die Menschen ihrer Vernunft beraubt. Schon in der ersten Phase der Weltgeschichte ist er aktiv, denn es ist die Vereinigung von Nacht und Erebos, die das Licht und den Tag hervorbringt.

Da mit Ausnahme von Eros die gerade erwähnten Götter Personifizierungen von Aspekten der natürlichen Welt (Erde und Himmel, Finsternis und Nacht, Licht und Tag) sind, ist Hesiods *Theogonie*, eine Geschichte über die Geburt der Götter, zugleich auch eine *Kosmogonie*, eine Theorie über die Geburt der Welt. Ein besonderes Staunen muss ihr vorangegangen sein: *Dass es überhaupt etwas gibt* – darüber wundert sich der griechische Dichter.

Hesiods Weltbild lässt sich schematisch wie folgt darstellen:

Urprinzip: Leere / Abgrund / Nichts

Natur / Welt / Sein

In der Fortsetzung der *Theogonie* werden die Geburt weiterer Götter sowie ihre oft blutigen Abenteuer beschrieben. So erzählt Hesiod weiter, wie Gaia (die Erde) von Uranos (dem Himmel) ununterbrochen begattet wird; da es deswegen zwischen Himmel und Erde keinen Platz gibt, sind Gaias Kinder (die Titanen) gezwungen, unter der Erde zu bleiben. Gaia, die eine liebevolle Mutter ist, kann dies nicht akzeptieren und entscheidet sich, gegen Uranos zu rebellieren. Sie verschafft sich eine Sichel und gibt sie ihrem Sohn Kronos. Dieser greift den Vater an und entmannt ihn. Uranos zieht sich von der Erde zurück: Auf diese Weise entsteht zwischen Himmel und Erde ein Raum, in dem sich das Leben entfalten kann.

Nun herrscht Kronos (die Personifizierung der Zeit) über die Welt. Getrieben durch Eros, paart er sich mit Rheia, einer weiteren Tochter von Gaia und somit mit seiner eigenen Schwester. Aus ihrer Paarung entsteht eine neue Generation von Göttern, die Kronos' Herrschaft allerdings bedrohen. Aus Angst, seine Macht zu verlieren, verschlingt Kronos seine eigenen Kinder. Entsetzt von diesem Verhalten, erfindet seine Frau Rheia eine List: Sie versteckt ihr letztgeborenes Kind, Zeus, vor dem Vater, und gibt diesem einen in ein Tuch gewickelten Stein zu essen. Als Zeus endlich erwachsen wird, gelingt es ihm, seine älteren Geschwister zu befreien, indem er seinem Vater ein

Brechmittel verabreicht. Kronos erbricht danach alle seine Kinder, in der umgekehrten Reihenfolge, in der er sie verschluckt hatte; zuerst also den Stein, dann das Jüngste von ihnen. Von einem glücklichen Ende kann aber in dieser Geschichte nicht die Rede sein, denn Zeus und Kronos sind nun erbitterte Gegner geworden. Die anderen Götter ergreifen Partei für den einen oder den anderen: Ein langer Krieg zwischen ihnen bricht aus.

Hesiod beschreibt die geschaffene Welt als einen grausamen, furchterregenden Ort, in dem das Leben von dunklen Trieben beherrscht und von Gewalt und Rache bestimmt wird. Diese Beschreibung dürfte die konkreten Erlebnisse halbzivilisierter Menschen widerspiegeln, die in einer unverständlichen, oft nicht kontrollierbaren Umgebung zu leben hatten. Seine Schilderung der göttlichen Schicksale ist in vielerlei Hinsicht (literarisch, philosophisch, aber auch anthropologisch und psychoanalytisch) höchst interessant; hier ist es aber nicht notwendig, sie weiter zu besprechen. Wichtiger ist, die *literarische Form* dieses Mythos zu verstehen.

Bedeutsam in Hesiods *Theogonie* ist nämlich nicht nur, *was* erzählt wird, sondern auch *wie* er es erzählt. Die Geschichte über die Weltentstehung ist in eine *zweite, übergeordnete* Geschichte eingebettet: die Geschichte des Schäfers Hesiod, der den Musen begegnet, als er mit seinen Schafen unterwegs ist. Die Geschichte über die Weltentstehung wird *von den Musen* erzählt; es ist aber *Hesiod, der Hauptprotagonist* der zweiten Geschichte, der behauptet, dass die Musen ihm die Geschichte über die Weltentstehung erzählt haben. Und *wem* werden *beide* Geschichten erzählt? Selbstverständlich ist die *Theogonie* für reale *Leser* von einem realen *Autor*, dem Dichter Hesiod in Fleisch und Blut, verfasst worden.

Wenn man zwischen Hesiod *als Autor* und Hesiod *als Protagonist* der Geschichte unterscheidet (und das muss man, da der echte Hesiod die Musen nicht getroffen hat!), lässt sich Folgendes sagen: Hesiod (der Autor) erzählt die Geschichte von Hesiod (dem Protagonisten); dieser erzählt selbst eine Geschichte, die ihm die Musen erzählt haben. Es gibt somit drei verschiedene Erzähler in der *Theogonie*: (1) Hesiod, den Autor, (2) Hesiod, den Protagonisten, und (3) die Musen.

Dass der Dichter die Anzahl der Erzähler multipliziert, statt seine Theorie direkt vorzutragen, ist nicht zufällig und verlangt nach einer Erklärung. Als »Theorie« verstanden, und nicht nur als »fantastische Geschichte«, ist Hesiods Narration in vielerlei Hinsicht mangelhaft:

1. *Was ist der Ursprung?* Die Natur des Ursprungs ist nicht klar beschrieben. Während uns die entstandene Naturwelt bekannt ist, da wir in ihr leben, ist das Urprinzip etwas Verborgenes und Rätselhaftes. Was dieser Ursprung, die »Leere« oder der »Abgrund« an sich ist, bleibt unbegreiflich.
2. *Warum ist die Welt entstanden?* Ebenfalls unverständlich ist, *warum* die Welt aus dem Nichts entstanden ist. Im Alten Testament wird die Welt von Gott geschaffen – diese entsteht, *weil Gott* es so *will*. Man muss diese Erklärung nicht überzeugend finden; aber immerhin handelt es sich dabei um einen Versuch, die *Tatsache der Existenz der Welt* nicht einfach hinzunehmen, sondern zu begründen. Hesiod hingegen unternimmt keinen vergleichbaren Erklärungsversuch; die Welt entsteht aus einem unbegreiflichen Ursprung – mehr hat er darüber nicht zu sagen.
3. *Wie ist die Welt entstanden?* Alle natürlichen Geburten sind auf ein Prinzip zurückzuführen, das die Menschen aus eigener Erfahrung kennen (das erotische, sexuelle Begehren). Der kosmische Schöpfungsprozess wird hingegen nicht beschrieben, auch nicht durch eine Analogie. Das ist verständlich: Für den kosmischen Schöpfungsakt kann es kein Äquivalent in unserer Erfahrung geben, da er *vor* der Entstehung der Welt, und nicht *innerhalb dieser*, stattfindet.
4. *Wie lässt sich diese Theorie begründen?* Hesiod lässt seine Kosmogonie von den Musen vortragen, aber er liefert keinen Grund, wieso man ihnen Glauben schenken sollte. Er lässt sie sogar Folgendes sagen: »Vielen Trug verstehen wir zu sagen, als wäre es Wahrheit, doch können wir, wenn wir es wollen, auch Wahrheit verkünden.« Damit wird eine wichtige Frage aufgeworfen: Erzählen die Musen nun die Wahrheit oder nicht? Da die Musen notorische Lügnerinnen sind (und sich auf provozierende Weise auch als solche präsentieren), bleibt diese entscheidende Frage offen.

Offenbar weiß Hesiod, dass seine Geschichte »nur« eine Geschichte ist. Wie die Analyse seiner Erzählweise zeigt, distanziert er sich auch formell von seiner Kosmogonie: Zwei fiktive Erzähler (die Musen und der Protagonist der zweiten Geschichte) treten zwischen ihn und die Kosmogonie, *als ob er nicht bereit wäre, die Verantwortung für seine unklaren Aussagen zu übernehmen*. Hesiod ist also nicht so naiv, wie man zunächst meinen könnte: Er weiß Bescheid über die Grenzen des eigenen Wissens bzw. über die Mängel seiner Weltdeutung. Die ersten Philosophen werden versuchen, diese Grenzen zu überwinden.

3. Die ersten Philosophen: Die Frage nach dem Ursprung

Als erster Philosoph gilt Thales, der in der kleinasiatischen Stadt Milet lebte, als »Geburtstag« der Philosophie das Jahr 585 v. Chr. In diesem Jahr soll Thales eine Sonnenfinsternis vorausgesagt und damit großes Staunen bei den Griechen ausgelöst haben. Denn dabei soll er gezeigt haben, wie mächtig die Vernunft ist, wenn man sie richtig anwendet.

Über Thales ist nur sehr wenig bekannt. Es sind keine Schriften erhalten, es ist sogar ungewiss, ob er überhaupt welche verfasst hat. Die bedeutendsten Informationen über sein Denken hat der Philosoph Aristoteles überliefert, der allerdings etwa zwei Jahrhunderte später gelebt hat. Aristoteles' Bericht dürfte somit nicht in jeder Hinsicht verlässlich sein; er schrieb Folgendes:

> [1] Von denen, die als erste philosophiert haben, glaubten die meisten, dass der einzige Urgrund aller Dinge im Wesen des Stofflichen liege. Denn das, woraus alles Seiende ist und woraus es als Erstem wird und in was es am Ende wieder vergeht, indem es seiner Substanz nach erhalten bleibt, in seinen Zuständen aber sich wandelt, erklärten sie als Urelement und Urgrund *(arché)* alles Bestehenden. Deswegen nehmen sie an, dass weder etwas entsteht noch gänzlich vergehen könne, da die Ganzheit der Natursubstanz immer erhalten bleibe. Denn eine gewisse Natursubstanz müsse immer bestehen, entweder als Einheit oder als Mehrheit, aus der die übrigen Dinge entstehen, während sie selbst sich stets erhält. [2] Über die Menge und Art eines so gearteten Urgrundes sind allerdings nicht alle der nämlichen Meinung; Thales aber, der Begründer einer solchen Philosophie, erklärt das Wasser für den Urgrund der Dinge. [...] Er entnahm diese Meinung wahrscheinlich der Beobachtung, dass die Nahrung aller Wesen feucht ist und dass das Warme selbst hieraus wird und hierdurch lebt – das, woraus ein anderes wird, ist für alle Dinge ihr Urgrund – ferner aus der Beobachtung, dass der Same seiner Natur nach feucht ist. Das Wasser aber ist für das Feuchte der natürliche Urgrund. (AP, 5–6; die Zahlen in eckigen Klammern sind von mir hinzugefügt worden, P. B.).

Im ersten Teil dieser Stelle [1] wird der Begriff der *arché* eingeführt. In der zitierten Übersetzung wird das Wort mit »Urelement« wiedergegeben; es kann aber auch »Ursprung«, »Anfang« oder »Ursache« bedeuten. Thales übernimmt also das mythische Weltbild, das die Realität in zwei Dimensionen aufteilt:

Urprinzip *(arché)*

Natur / Welt

Dieses einfache Zwei-Ebenen-Modell wird jedoch verfeinert, denn nach Aristoteles' Bericht wird die *arché* von Thales in drei verschiedene Beziehungen zur Welt gesetzt. Das Urprinzip ist nicht nur (i) das, woraus alle Dinge *entstehen (ihr Anfang)*, sondern auch (ii) das, was die Natur aller Dinge *ausmacht (ihre grundlegende Natur)*, und (iii) das, worin sie einmal wieder *aufgehen werden (ihr Ende)*.

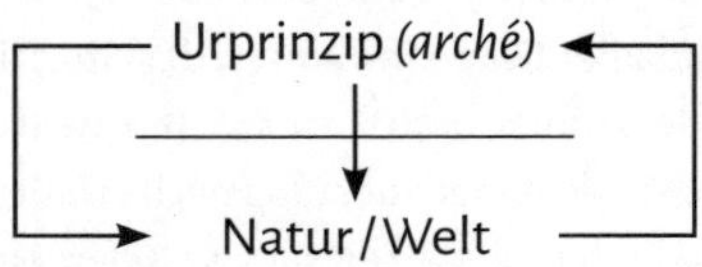

Im zweiten Teil der oben zitierten Stelle [2] geht es nicht mehr um die Erklärung der *Fragestellung*, sondern um ihre *Beantwortung*. Nach Thales, so Aristoteles, soll alles aus Wasser entstanden sein, als Modifikation dieses Grundelements, und sich schließlich wieder in Wasser auflösen. Für diese Theorie soll Thales auch eine *Begründung* gehabt haben: Für die Rolle eines Urprinzips kam nur ein Element infrage, das lebenserhaltend ist und verschiedene Formen annehmen kann. Das Wasser scheint diese Eigenschaften zu haben: Ohne Wasser kann man nicht leben; es ist in den Samen aller Dinge enthalten; es kann in verschiedenen Gestalten existieren (in flüssiger, gasförmiger oder fester Form).

Es wäre unangemessen, diese elementare Theorie mit den raffinierten Konstruktionen der heutigen Wissenschaften zu vergleichen, aber auch kurzsichtig. Denn man würde übersehen, welch gewaltigen Fortschritt diese sehr einfache, fast kindlich erscheinende Theorie gegenüber dem Mythos darstellt. Anders als bei Hesiod ist die Natur des Urprinzips nun bestimmt; und die Theorie ist nicht mehr das Ergebnis einer Offenbarung bzw. einer göttlichen Inspiration, sondern sie ist gestützt von *empirischen* (auf der Erfahrung basierenden) Argumenten. Mit Thales verlässt man die Welt des Mythos (des bloßen Erzählens) und tritt ein in jene des *Logos* – des Formulierens von verständlichen Thesen und des Austauschs von überprüfbaren Gründen und rationalen Überlegungen.

Ein neues Vertrauen in die Möglichkeiten der Vernunft ist mit der Philosophie entstanden, ohne das keine Wissenschaft möglich gewesen wäre. Ohne Philosophie, und das bedeutet nun konkret: ohne *die feste Überzeugung, dass die Welt vernünftig erforscht und schließlich auch verstanden werden kann*, hätte sich die westliche Kultur zweifellos anders entwickelt.

Sich in diesem neu entdeckten logisch-argumentativen Raum zu etablieren, ist aber nicht einfach. Bald wurde Thales' Theorie von seinem Schüler Anaximander infrage gestellt. Wenn nämlich alles eine Manifestation des Wassers sein soll, wie lässt sich die Existenz von Steinen und Feuer erklären? Wie lassen sich, in anderen Worten, die Elemente »Erde«, »Feuer« und »Luft« als Modifikationen von Wasser auffassen? Dies scheint unmöglich zu sein, wie es im Fall des Elements »Feuer« besonders klar wird. Das Problem ist allerdings nicht gelöst, wenn man das Wasser als Urprinzip durch ein neues Element ersetzt: Wasser als eine spezielle Form der Erde oder des Feuers zu beschreiben, ist genauso problematisch, wie diese als Formen des Wassers zu begreifen. Auch aus einem anderen Grund ist es fragwürdig, ob ein Element die Rolle der *arché* übernehmen kann. Denn die Elemente sind selbst Teile der natürlichen, aus dem Urprinzip hervortretenden Welt. Sie können also nicht die *arché* sein, weil die *arché* genau das ist, was ihre Existenz erklärt.

Ausgehend von diesen kritischen Überlegungen entwickelte Anaximander eine alternative Theorie: Wenn das Urprinzip kein bestimmtes Element ist, aber alle Elemente generieren soll, dann muss es sie *alle enthalten*, ohne *eines davon zu sein*. Als der Ursprung aller Dinge kann der Urgrund also weder Wasser noch Feuer, weder Luft noch Erde sein, weder diese noch jene bestimmte Natur annehmen: Ein solches Urprinzip muss ein »Unbestimmtes« sein. Um es zu benennen, bedient sich Anaximander des Begriffs *apeiron*, was »das Grenzenlose« bedeutet (*a* = ohne, *peras* = Grenze). In einem überlieferten Fragment über Anaximanders Philosophie kann man Folgendes lesen:

> Ursprung aller bestehenden Dinge ist das grenzenlos Unbestimmbare *(to apeiron)*. (AP, 9)

Anaximanders Grundbegriff ist nicht leicht zu verstehen. Sein *apeiron* ist etwas, das keine Begrenzungen hat, und daher auch keine klare Natur. Abgrenzungen sind nämlich notwendig, um ein Ding *als ein bestimmtes Ding* zu definieren: Die Farbe *Rot* ist die bestimmte Farbe, die sie ist (hat die Natur, die sie hat), auch deshalb, weil sie *nicht-Gelb, nicht-Grün, nicht-Blau* (usw.) ist. Ein Buch ist auch darum ein Buch, weil es *kein Kugelschreiber, keine Waschmaschine, kein Teppich* (usw.) ist; und ein Buch ist das Buch, das es ist (z. B. die *Odyssee*), weil es nicht andere Bücher ist, also keine *Ilias*, keine *Theogonie* usw.

Abgrenzungen gehören wesentlich zur Natur eines Dinges; wo es keine Abgrenzungen gibt, kann deshalb auch keine Identität vorhanden sein. Anaximanders *apeiron* ist somit nicht nur etwas, dessen Natur *wir nicht kennen*, sondern etwas, das *prinzipiell nicht erkennbar ist*, auch nicht für einen vollkommenen, allwissenden Gott (wenn es so etwas in seiner Philosophie gäbe, was nicht der Fall ist). In dem obigen Fragment wird das *apeiron* als das »Unbestimmbare« charakterisiert; es wäre hinzuzufügen: Es ist *unbestimmbar*, weil es *unbestimmt* ist.

Anaximanders Argumentation lässt sich wie folgt zusammenfassen:

1. Ein Ding kann nur eine bestimmte Natur haben (und somit ein Etwas sein), wenn es im Gegensatz zu anderen Dingen steht.
2. Das Urprinzip existiert *vor* allen Dingen – es ist der Ursprung aller Dinge und somit selbst kein Ding unter Dingen.

---

3. Das Urprinzip kann keine bestimmte Natur haben.

Mit Anaximander ist das philosophische Denken reifer geworden. Seine Überlegungen sind tiefgründiger, scharfsinniger und abstrakter als jene von Thales, der auf der Basis einfacher empirischer Beobachtungen argumentiert. Seine Hauptthese (3) bleibt allerdings problematisch: Das Urprinzip, das für Thales als Wasser begreifbar war, ist jetzt wieder als nicht erkennbar deklariert worden. Pointiert formuliert: Anaximanders »grenzenloses Unbestimmbares« ist keineswegs verständlicher als Hesiods »Chaos«.

Damit wird auch klar, dass sich die Spekulation über den ersten Ursprung mit einer Antinomie (Widerspruch) konfrontiert sieht:

1. Das Urprinzip muss eine bestimmte Natur besitzen, damit es gedacht werden kann.
2. Das Urprinzip kann keine bestimmte Natur besitzen, weil es der Ursprung aller bestimmten Naturen ist.

Es ist schwer zu sehen, wie diese zwei sich ausschließenden Thesen vereinbart werden könnten. Anaximanders Nachfolger, der ebenfalls in Milet tätige Anaximenes, wird das Urprinzip aller Dinge als Luft *(pneuma)* definieren. Vielleicht wählte er die Luft, weil sie sozusagen das »Unbestimmteste« unter den vier bestimmten Elementen ist. In zwei überlieferten Fragmenten über seine Philosophie liest man Folgendes:

> Anaximenes erklärt die Luft für grenzenlos, dagegen das, was aus ihr seinen Ursprung habe, für begrenzt: so entständen aus ihr Erde, Wasser, Feuer und aus diesen (Elementen) alle Dinge. (AP, 16)

> Wenn sich die Luft verdünnt, werde sie zu Feuer; die Winde aber seien verdichtete Luft; sich mehr verdichtend, wird sie zur Wolke, bei noch stärkerer Verdichtung ferner zu Wasser, noch vielmehr sich verdichtend endlich zur Erde und bei allerstärkster Verdichtung zu Stein. (AP, 16)

Durch Verdichtung und Verdünnung sollen alle Dinge aus der Luft entstehen können. Gegen diese Theorie lassen sich aber ähnliche Einwände aufbringen wie gegen die Theorie von Thales: Denn wie kann aus der Luft das solide Element Erde entstehen? Die philosophische Vernunft hat sich eben erst vom Mythos emanzipiert – und landet bereits in einer Sackgasse.

4. Der Gott der Philosophen: Xenophanes

Die ersten Philosophen aus der Stadt Milet – Thales, Anaximander und Anaximenes – erben vom Mythos eine grundlegende Fragestellung (woher kommen alle Dinge?) und ein Weltbild (das Zwei-Ebenen-Modell); sie distanzieren sich aber vom Mythos, indem sie die Vernunft und die Erfahrung als die einzigen Quellen der Erkenntnis ansehen. Die richtige Theorie über die Natur der Welt muss an sich *verständlich* sein und von rationalen *Argumen-*

ten oder überprüfbaren *Beobachtungen* gestützt werden; es reicht nicht mehr, wenn ein Autor, wie Hesiod es tut, auf eine vermeintliche göttliche *Offenbarung* verweist.

Dieser Wandel und die damit verbundene Ablehnung der mythologischen Denkweise werden in den Werken des wandernden Dichters und Philosophen Xenophanes reflektiert. In den wenigen originalen Versen, die von ihm überliefert sind, macht er sich über die früheren Dichter und die Anhänger der zeitgenössischen Religionen lustig. Besonders lächerlich ist in seinen Augen die Art und Weise, wie die Götter beschrieben werden:

> Homer und Hesiod haben die Götter mit allem belastet, was bei Menschen übelgenommen und getadelt wird: stehlen und ehebrechen und einander betrügen. (VO, 237)

> Aber die Menschen nehmen an, die Götter seien geboren, sie trügen Kleider, hätten Stimme und Körper – wie sie selbst. (VO, 237)

Die traditionellen Gottesvorstellungen sind nach Xenophanes also auf unglaubwürdige Art und Weise anthropomorph (*anthropos* = Mensch, *morphé* = Form). Die Menschen haben sich selbst als Modell für die Erschaffung der Götter genommen – und alle ihre Eigenschaften den Göttern zugeschrieben. Die traditionellen Götter haben die gleichen Gedanken, Emotionen und Triebe, die alle Menschen haben, nur in gesteigerter Form; sie sind offensichtlich Kreationen des menschlichen Geistes, unbewusste Projektionen unserer Fantasie, die man mit Wirklichkeiten verwechselt. (Um sich zu überzeugen, dass diese Analyse stimmt, genügt es hier, sich an die rachsüchtigen Götter Hesiods zu erinnern.)

Ein Vergleich zwischen den griechischen Göttern und den Göttern anderer Völker reicht aus, um ihren menschlichen, allzu menschlichen Ursprung zu entlarven:

> Die Äthiopier behaupten, ihre Götter seien stumpfnasig und schwarz; die Thraker, blauäugig und blond. (VO, 237)

Diese anthropomorphe Auffassung ist für Xenophanes derart kindisch, dass sie es verdient, ins Lächerliche gezogen zu werden:

> Wenn aber die Rinder und Pferde und Löwen Hände hätten und mit diesen Händen malen könnten und Bildwerke schaffen wie Menschen, so würden die Pferde die Götter abbilden und malen in der Gestalt von Pferden, die Rinder in der von Rindern, und sie würden solche Statuen meißeln, ihrer eigenen Körpergestalt entsprechend. (VO, 227)

Diese beißende Kritik am anthropomorphen Polytheismus bedeutet allerdings nicht, dass Xenophanes nichts Göttliches anerkennt. Es gibt nach ihm einen einzigen unbeschreiblichen Gott, der keine menschliche Gestalt hat und überall in der Natur waltet. Das Lebendige in allen Dingen, eine Art unbegreifliche Welt-Seele vielleicht: Dies scheint Xenophanes' Gott zu sein. So wird er jedenfalls in einigen wenigen, kryptischen (schwer zu deutenden) Fragmenten beschrieben:

> Ein einziger Gott [...] weder dem Körper noch der Einsicht nach den sterblichen Menschen gleich. (VO, 229)

> Als ganzer sieht er, als ganzer versteht er, als ganzer hört er. (VO, 229)

> Immer verbleibt er am selben Ort, ohne irgendwelche Bewegung, denn es geziemt sich für ihn nicht, bald hierhin, bald dorthin zu gehen, um seine Ziele zu erreichen. (VO, 231)

> [...] ohne Anstrengung des Geistes lenkt er alles mit seinem Bewusstsein. (VO, 231)

Ein solcher Gott verdient unsere Bewunderung; er ist aber kein Wesen, mit dem ein Mensch in ein authentisches Verhältnis, eine Ich-Du-Beziehung treten könnte; er ist vielleicht mehr als nur das kalte Ergebnis einer vernünftigen Überlegung, aber er ist gewiss nicht die Ansprechperson eines verzweifelten, verunsicherten Geistes, der sich von seinem Gott persönliche Hilfe verspricht. Auf dieser Gottesvorstellung ließe sich schwerlich eine neue Religion aufbauen.

In seinen Gedichten reflektiert Xenophanes auch über einen anderen wichtigen Aspekt der ursprünglichen Abgrenzung der Philosophie vom Mythos. Hesiod wird von den Musen regelrecht beschimpft, denn als Mensch ist er ihnen unterlegen und kann nicht hoffen, jemals die Wahrheit über die Welt zu erkennen. *Worauf aber gründet das gerade erwachte Vertrauen der Philosophen in die Kraft der Vernunft?* Wieso glauben sie, dass eine verlässliche Erkenntnis der Welt erreicht werden kann?

Die Philosophen aus Milet versuchten, die Natur der Welt zu begreifen, stellten sich aber nicht die *erkenntnistheoretische* Frage, ob das überhaupt *möglich* sei – d. h. sie reflektierten nicht explizit über die Bedingungen, die eine verlässliche Erkenntnis der Welt erlauben würden. Erste Ansätze einer solchen Reflexion finden sich nun bei Xenophanes. An manchen Stellen nimmt er eine moderate, fast modern klingende Position ein: Die Wahrheit lasse sich nicht definitiv erkennen, aber man könne sich ihr in einem langen Prozess progressiv annähern. Andernorts dagegen scheint er über die Möglichkeit des Wissens regelrecht zu verzweifeln:

> Hätte der Gott nicht den gelblichen Honig entstehen lassen, man würde meinen, die Feige sei noch viel süßer. (VO, 231)

Wer gerade Honig gegessen hat, dem werden Feigen nicht besonders süß schmecken; wer nur ein Glas Wasser getrunken hat, wird sie hingegen als sehr süß bezeichnen. Welche Eigenschaften wir den Dingen zuweisen, hängt also wesentlich von unserer momentanen Verfassung ab: Wie können wir also sagen, wie die Dinge *wirklich* sind?

Xenophanes' Argument kann wie folgt schematisiert werden:

1. Erkennen bedeutet, die Dinge so wahrzunehmen, wie sie *an sich* sind.
2. Wir nehmen die Dinge immer nur so wahr, wie sie *für uns* sind.

---

3. Wir können die Dinge *an sich* nie erkennen.

Angezweifelt wird hier die Existenz eines »Schiedsrichters«, der die verschiedenen Erscheinungsweisen beurteilen könnte; denn auch ein solcher Betrachter würde die Dinge nur aus *seiner* Perspektive wahrnehmen – und wäre daher nicht neutral.

Eine weitere Überlegung wirkt auf Xenophanes fast noch beunruhigender. Oft verwechselt man das Wahre mit dem Falschen. Wenn man nun auf die Wahrheit stoßen würde: Woher wüsste man, dass sie die Wahrheit ist?

> Klares hat freilich kein Mensch gesehen, und es wird auch keinen geben, der es gesehen hat hinsichtlich der Götter und aller Dinge, die ich erkläre. *Denn sogar wenn es einem in außerordentlichem Maße gelungen wäre, Vollkommenes zu sagen, würde er sich dessen trotzdem nicht bewusst sein* [meine Hervorhebung, P. B.]: Bei allen Dingen gibt es nur Annahme. (VO, 231)

Wenn es keine Möglichkeit gibt, das Wahre vom Falschen zu unterscheiden, dann sind alle menschlichen Theorien im besten Fall nur Vermutungen; konsequenterweise muss Xenophanes auch seine Ansichten über Gott und die Welt für möglicherweise falsch halten.

Es taucht hier ein skeptisches Motiv auf, das, wenn es zu Ende gedacht wird, jegliches Vertrauen in die Vernunft untergräbt – ein selbstzerstörerischer Zweifel, mit dem die Philosophie immer wieder ringen wird (vgl. dazu Kap. VIII). So weit, dass er die Vernunft infrage stellen würde, geht Xenophanes allerdings nicht. Sein Denken behält einen hoffnungsvollen, optimistischen Ton. Wie es in einem Fragment heißt: »Die Götter haben den Menschen durchaus nicht gleich am Anfang alles enthüllt, sondern im Laufe der Zeit suchen und finden sie Besseres hinzu.« (VO, 229)

II. Das Problem des Werdens
Heraklit, Parmenides und die pluralistische Naturphilosophie

1. Einführung: Das Werden als Wesenszug der Lebenswelt

Wenn man versuchen würde, die Welt in eine allgemeine Formel zu fassen, so der britische Philosoph Alfred North Whitehead (1861–1947), käme man schnell auf die Idee, dass alles in stetigem Wandel begriffen ist:

> Dass »alle Dinge fließen«, ist die erste vage Verallgemeinerung, die die unsystematische, kaum analysierte Intuition der Menschheit hervorgebracht hat [...]. Zweifellos ist der Fluss der Dinge, wenn wir auf diese elementare, allumfassende Erfahrung zurückgreifen [...], eine höchste Verallgemeinerung, um die herum wir unser philosophisches System weben müssen. (PR, 385)

Das bisher Gesehene bestätigt diese Einschätzung Whiteheads. Das Urprinzip der ersten Philosophen – sei es als Chaos (Hesiod), Wasser (Thales), Apeiron (Anaximander), Luft (Anaximenes) oder Gott (Xenophanes) verstanden – ist zwar etwas ewig Existierendes, aber es ist zugleich das Fundament einer sich stetig verändernden Welt. Bei Hesiod ist die Welt »erotisch« animiert, durchdrungen von einem nie endgültig zu befriedigenden Schöpfungsprinzip. Thales' Wasser und Anaximenes' Luft nehmen immer neue Gestalten an, so dass die Naturgeschichte als die Geschichte vom Auftreten und Verschwinden neuer Konfigurationen desselben Urstoffes zu verstehen ist. Xenophanes' Gott bleibt selbstidentisch, aber inmitten einer Welt, die immer neue Formen annimmt.

Anaximander ist zweifellos derjenige unter den ersten Philosophen, der am klarsten die Idee zum Ausdruck gebracht hat, dass unsere Welt in ihrem tiefsten Wesen *dynamisch* ist – dass die Dinge in ihr ständig entstehen und vergehen. In einem Text, der als erstes Originalfragment der Philosophie gilt, schreibt er:

> Aus welchen Dingen die seienden Dinge ihr Entstehen haben, in diese findet auch ihr Vergehen statt, wie es sein muss, denn sie leisten einander Recht und Strafe für das Unrecht, gemäß der zeitlichen Ordnung. (VO, 71)

Alles Entstandene ist der zeitlichen Ordnung unterworfen, es wird wachsen, reifen, schließlich aber auch untergehen: Diese Auffassung entspricht der existentiellen Grunderfahrung der antiken Menschen, jene der Wechselhaftigkeit und Unbeständigkeit aller Dinge.

Was aber ist das Werden? Welche Prinzipien regeln die Entstehung und das Vergehen der Dinge? Und wieso soll alles, was entstanden ist, irgendwann wieder verschwinden? Gibt es etwas, das dem stetigen Wandel nicht unterworfen ist? Mit diesen Fragen – die nicht nur eine theoretische, sondern auch eine ausgeprägte existentielle Bedeutung haben – setzt sich Heraklit auseinander.

2. Heraklits schöpferische Welt

Es ist nicht einfach, eine verlässliche Darstellung der Philosophie Heraklits zu geben. Zum einen wegen der spärlichen textuellen Basis (überliefert sind etwa 120 kurze Fragmente aus einer längeren Schrift). Zum anderen aber wegen des speziellen Stils dieses eigenwilligen Philosophen, der schon in der Antike als »dunkel« galt. Heraklits »Fragmente« sind rätselhafte, zugleich aber auch elegante Sentenzen oder kurze Texte, die wahrscheinlich nicht als Komponenten einer längeren Argumentation gedacht waren, sondern als vollständige Bedeutungseinheiten bzw. als für sich stehende Aphorismen.

Heraklit will nicht von allen verstanden werden. In den überlieferten Texten äußert er sich geringschätzig über die Philosophen seiner Zeit und die von den Griechen verehrten Dichter. Besonders Homer ist Ziel seines bissigen Spotts:

> Hinsichtlich der Erkenntnis der offenkundigen Dinge werden die Menschen irregeführt ähnlich wie Homer, der, verglichen mit allen anderen Griechen,

> noch der weiseste war. Jenen nämlich führten Knaben, die Läuse töteten, in die Irre, indem sie sagten: »Was wir gesehen und angefasst haben, das lassen wir zurück, und was wir weder gesehen noch angefasst haben, das nehmen wir mit.« (VO, 253)

Da es Homer nicht gelang, ein derart simples Rätsel zu lösen, kann er sicherlich nicht als weise gelten. Von einer ähnlichen Art sind auch die Enigmen, mit denen sich der Naturforscher zu beschäftigen hat; ihre Lösung erfordert einen wachen, durchdringenden Geist, keine allumfassende Bildung:

> Viel Gelehrsamkeit lehrt nicht, sich einen Begriff zu machen; sonst würde sie es Hesiod gelehrt haben und Pythagoras, wie auch Xenophanes und Hekataios. (VO, 255)

Heraklit kritisiert aber nicht nur die herausragenden Persönlichkeiten, er hält auch sehr wenig von der großen Masse der Menschen. Die verbreiteten, aber nicht reflektierten *Meinungen* stehen im klaren Gegensatz zu den offenkundigen, aber scheinbar nicht jedem zugänglichen philosophischen *Wahrheiten*:

> Was haben sie [die gewöhnlichen Menschen, P. B.] eigentlich für einen Begriff oder Verstand? Sie hören auf Volkssänger und bedienen sich der großen Menge als Lehrer, nicht wissend, dass die meisten schlecht sind und nur wenige gut. (VO, 253)

Anscheinend will Heraklit mit seinem schwierigen Stil unwürdige Leser auf Distanz halten, ihnen den Zugang zu seiner Philosophie verunmöglichen:

> Der Dummkopf pflegt bei jeder Auslegung den Kopf zu verlieren. (VO, 251)

Die Wahl einer obskuren Schreibweise hat die Folge, dass jede Deutung seines Denkens kontrovers bleiben wird. Der Klarheit halber werden hier einige seiner wichtigsten Fragmente in drei Hauptgruppen eingeteilt. Die darin zum Ausdruck kommenden Gedanken verweisen aber stets aufeinander, so dass sie nur in ihrer Kombination wirklich verstanden werden können.

Die »Feuer-Fragmente«

In einer Reihe von Fragmenten spielt das Feuer eine zentrale Rolle. Einmal wird die ganze Welt damit verglichen:

> Die gegebene schöne Ordnung aller Dinge, dieselbe in allem, ist weder von einem der Götter noch von einem der Menschen geschaffen worden, sondern sie war immer, ist und wird sein: Feuer, ewig lebendig, nach Maßen entflammend und nach [denselben] Maßen erlöschend. (VO, 269)

Dann wieder wird das Feuer als wandelbares Element beschrieben:

> Alles ist austauschbar gegen Feuer und Feuer gegen alles, wie Waren gegen Gold und Gold gegen Waren. (VO, 269)

> Wendungen des Feuers: an erster Stelle Meer, vom Meer aber die eine Hälfte Erde, die andere Hälfte Gluthauch. (VO, 269)

In einigen Fragmenten ist das Feuer hingegen nicht nur ein Element, sondern eine vernichtende Kraft:

> Über alles wird das Feuer [...], einmal herangekommen, urteilen und es verurteilen. (VO, 271)

> Alles steuert der Blitz. (VO, 271)

In diesen Texten scheint Heraklit das Feuer als »Urstoff«, als »Urprinzip«, aber auch als »alles lenkende Instanz« (in einem Wort: als *arché*) aufzufassen. So verstanden, wäre seine Philosophie nur eine Variation eines schon bekannten Themas.

Seine eher poetisch als sachlich formulierten Äußerungen könnten allerdings auch nur *bildlich* gemeint sein. Seine These wäre dann, dass alle Dinge von einer einzigen schöpferischen, aber auch zerstörerischen *Energie* animiert werden. Im ersten Fragment nennt Heraklit ein solches Feuer *ewig lebendig*. Die Welt bzw. der Welt-Prozess hat für ihn also weder Anfang noch Ende; der Kosmos existiert schon ewig und wird ewig weiterexistieren – oder besser: »weiterbrennen«.

Die »Fluss-Fragmente«

Als wichtigster Satz von Heraklit gilt die Sentenz *panta rhei* (»alles fließt«), die in dieser einfachen Form allerdings nicht überliefert worden ist. Auf jeden Fall scheint Heraklit von der Vergänglichkeit aller Dinge tief beeindruckt gewesen zu sein. In zwei seiner bekanntesten Fragmente liest man:

> Es ist unmöglich, zweimal in denselben Fluss hineinzusteigen. [Der Fluss] zerstreut und bringt wieder zusammen [...] und geht heran und geht fort. (VO, 281)

> In dieselben Flüsse steigen wir und steigen wir nicht, wir sind und wir sind nicht. (VO, 281)

Laut dem ersten Fragment ist es unmöglich, zweimal in denselben Fluss zu steigen. Die Erklärung ist einfach: Der Fluss verändert sich kontinuierlich, wenn altes Wasser weg- und neues hinzufließt. Das Wasser, das man beim ersten Einsteigen berührt, ist daher nicht das Wasser, mit dem man beim zweiten Einsteigen nass wird. Dies ist eine sehr triviale Bemerkung. Aber damit will Heraklit unsere Aufmerksamkeit auf die nicht-triviale Tatsache lenken, dass wir den Fluss als ein *permanentes Ding* denken, während er in Wirklichkeit ein *Prozess* ist. Wir nennen den Fluss »Rhein«, als ob dieser Name einen *stabilen Gegenstand* bezeichnen würde; die damit bezeichnete Wirklichkeit ist hingegen im stetigen Wandel begriffen.

Das alles gilt – so Heraklit im zweiten Fragment – auch für uns selbst. Wir fassen uns als etwas auf, das durch die Zeit identisch bleibt; in Wirklichkeit verändern wir uns ständig, genauso wie ein Fluss. Wenn ein Schwimmer ein zweites Mal im Rhein badet, ist nicht nur der Rhein anders geworden (auch wenn der Fluss immer noch »Rhein« heißt), sondern der Schwimmer selbst hat sich verändert (auch wenn er immer noch denselben Namen trägt). Und in der Tat: Ein ständiges Fließen von Energie und ein unsichtbarer Wandel von physischen Materialien finden unaufhörlich in unseren Körpern statt, auch wenn wir uns als selbstidentisch denken.

Der Fluss gilt also für Heraklit als *Paradebeispiel für die Natur jedes Dinges*: Wenn wir eine rauchende Person beobachten, sehen wir, wie die Zigarette sich verändert und schließlich zu Asche wird, *meinen* aber gleichzeitig, dass der Rauchende sich nicht verändert habe. Die Wahrheit ist hingegen, dass auch dieser sich verändert hat, wenn auch auf eine Weise, die unseren Sinnen nicht zugänglich ist. Dasselbe gilt für einen Ofen mit brennendem Holz: Wir meinen, dass der Ofen ein unwandelbarer Gegenstand sei, in dem sich der Prozess des Verbrennens abspielt. Tatsächlich ist auch ein solcher Glaube nur illusorisch.

Zu behaupten, dass alles fließt, bedeutet also nicht nur, dass die Welt als Ganzes sich ständig verändert (was für Heraklit natürlich wahr ist), sondern auch, dass jedes Ding in ihr ein *»fluss-artiger« Prozess* und nicht ein *starrer Gegenstand* sei. Die Vorstellung, dass die Welt aus Prozessen besteht, verbindet sich gut mit der Idee, dass alles nur eine Modifikation eines ewig brennenden Feuers sei. Das Element Feuer lässt sich nämlich selbst durch den dynamischen Begriff des *Prozesses* besser beschreiben als durch jenen des *Dinges*.

Die »Krieg-Fragmente«

Immer wieder betont Heraklit (der in diesem Punkt unmittelbar an Anaximanders Gedankengänge anknüpft), dass die prozessuale Welt eine rationalverständliche Ordnung besitzt. Er bezeichnet unsere Welt mit dem Wort *kosmos*; damit beschreibt er sie als ein *strukturiertes* Ganzes, das aufgrund seiner Struktur auch *schön* ist. (Diese griechische Assoziation zwischen »Ordnung« und »Schönheit« ist in der Bedeutung des deutschen Wortes »Kosmetik« erhalten geblieben.)

Diesen grundlegenden Strukturen der Welt gegenüber sind die Menschen nach Heraklit allerdings blind. Wir werden von der Natur getäuscht, genauso wie Homer von den jungen Fischern. Wir sehen nicht, was eigentlich offenkundig ist. Zwei Beispiele zeigen, wie dies zu verstehen ist:

1. *Die Struktur des Werdens.* Offensichtlich ist der Weltprozess dadurch charakterisiert, dass alte Dinge vergehen und neue entstehen. Doch nicht alles ist hier reines Chaos und Willkür. Heraklit versucht, das Werden zu erklären, und zwar mit der Anwendung von Begriffen, die aus der menschlichen Sphäre hergeleitet werden. Da jedes Ding nur »auf Kosten« anderer Dinge entstehen kann (ein *Baum* muss zerstört werden, damit man *Holzbretter* hat), ist die Existenz jedes einzelnen Dinges mit einer »Schuld« beladen. Es ist also nur »gerecht«, wenn das entstandene Ding

später »bestraft« und wiederum durch ein anderes ersetzt wird (die *Holzbretter* werden verarbeitet, und ein *Stuhl* entsteht an ihrer Stelle). Damit wird ein Gesetz beschrieben, das erklärt, wieso das Werden unaufhaltsam ist (auch der *Stuhl* wird »bestraft« werden müssen: Er wird irgendwann unbrauchbar sein, und einige seiner Teile könnten benutzt werden, um ein *Spielzeug*, z. B. ein kleines Holzpferd, zu konstruieren.). (Diese Überlegungen lassen sich auch als Interpretation der oben zitierten Stelle Anaximanders verstehen; vgl. Kap. II.1.)
Eine solche Erklärung des Weltgeschehens mag dem modernen Leser primitiv erscheinen. Das Wichtigste an dieser Konzeption liegt aber darin, dass Heraklit sich weigert, den schöpferischen Weltprozess als grundsätzlich unverständlich aufzufassen. In dem unaufhaltsamen, scheinbar chaotischen Entstehen und Vergehen aller Dinge erkennt er eine *Gesetzmäßigkeit, die man mit dem eigenen Denken erkennen kann.* Das ist nun eine Grundidee, ohne die keine wissenschaftliche Erforschung der Wirklichkeit möglich wäre.

2. *Die Konstitution der Dinge.* Jedes Ding ist dadurch charakterisiert, dass es seine Identität durch Abgrenzung von den anderen Dingen erhält. A ist A (d. h. A ist das bestimmte Ding, das es ist), weil es eben nicht *nicht-A* ist. Was *warm* ist, muss *nicht-kalt* sein, um warm zu sein; was *rot* ist, darf nicht *nicht-rot*, muss aber *nicht-grün, nicht-blau* usw. sein. Es sind diese Abgrenzungen bzw. diese Spannungen in der Textur der Wirklichkeit, die den verschiedenen Dingen ihre spezifischen Konturen geben. (Diese Gedanken spielen auch bei Anaximander eine wichtige Rolle; vgl. dazu Kap. I.3.) Dies bedeutet, dass *jedes einzelne Ding durch alle anderen Dinge konstituiert* ist: A kann nicht ohne nicht-A existieren, denn ohne die Abgrenzung von nicht-A wäre A nicht mehr A. Auf einer tieferen Ebene bilden A und nicht-A eine Einheit – kein Ding ist unabhängig von den anderen, ihm entgegengesetzten Dingen.
Anders formuliert: Nur innerhalb eines größeren Systems von Gegensätzen kann etwas eine bestimmte Identität besitzen. Diese Tatsache gilt für alle existierenden Dinge, die in voller Isolation keine Identität besitzen würden; sie bedeutet zugleich aber auch, dass die einzelnen Dinge als Momente einer umfassenden, in sich antithetischen Einheit gedacht werden müssen. *Diese »Einheit der Gegensätze«* ist ein weiteres *strukturelles Merkmal* des Kosmos.

Beide Ideen (jene der *kosmischen Gerechtigkeit* einerseits, jene der *Einheit der Gegensätze* andererseits) werden metaphorisch in der Vorstellung des »Krieges« (*polemos*), d. h. eines ewigen Kampfes, zusammengefasst:

> Krieg ist von allem der Vater, von allem der König, denn die einen hat er zu Göttern, die anderen zu Menschen, die einen zu Sklaven, die anderen zu Freien gemacht. (VO, 265)

> Es gehört sich, dass man weiß, dass der Krieg etwas Allgemeines ist und Recht Zwiespalt und dass alles geschieht in Übereinstimmung mit Zwiespalt und so auch verwendet wird. (VO, 265)

Durch diese allgegenwärtigen Spannungen entsteht eine Ordnung, die man als »schön« bezeichnen kann, die aber nur von wenigen erkannt wird:

> Das Widerstreitende zusammentretend und aus dem Sichabsondernden die schönste Harmonie. (VO, 265)

> Nichtoffenkundige Harmonie ist stärker als offenkundige. (VO, 265)

> Sie [die gewöhnlichen Menschen, P. B.] verstehen nicht, wie Sichabsonderndes sich selbst beipflichtet: eine immer wiederkehrende Harmonie, wie im Fall des Bogens und der Leier. (VO, 265)

Es dürfte klar sein, dass mit Heraklit die philosophische Reflexion, die sich erst vor kurzem vom Mythos emanzipiert hat, eine neue gedankliche Raffinesse erreicht hat: Nicht die Frage nach einem *Ursprung*, sondern jene nach den grundlegenden *Strukturen* der Welt ist in seinem Denken zentral. Wer von nun an philosophieren will, wer dem »dunklen« Heraklit ebenbürtig sein möchte, wird auf einer sehr hohen Ebene der Abstraktion denken müssen.

Die Faszination, die aus Heraklits Fragmenten hervorgeht, liegt nicht nur in den darin formulierten philosophischen Einsichten, sondern auch in ihrem unverkennbaren *existentiellen* Unterton. So liest man in einem seiner schönsten Aphorismen:

> Das ewige Leben ist ein Kind, spielend wie ein Kind, die Brettsteine setzend; die Herrschaft gehört einem Kind. (VO, 239)

Das Kind und das Brettspiel stehen für die zwei Grundaspekte der Welt, das Kreativ-Schöpferische einerseits, das Strukturierte und Gesetzmäßige andererseits. Das Fragment ist aber mehr als die symbolische Darstellung eines philosophischen Wirklichkeitsverständnisses. Unser Leben, so scheint uns Heraklit hier warnen zu wollen, ist stets einer höheren Macht unterworfen: einer Kraft, die genauso frei und unberechenbar ist wie ein spielendes, vielleicht auch launisches Kind.

3. Parmenides' geheimnisvolle Reise

Einen Gegenentwurf zum dynamischen Weltbild Heraklits entwickelte Parmenides, der im 6. Jh. v. Chr. im süditalienischen Elea (heute Veglia) lebte und traditionell als Nachfolger von Xenophanes angesehen wird. Parmenides ist der Verfasser eines Lehrgedichts mit dem Titel *Über die Natur*, das aus drei Hauptteilen besteht: einer Einleitung *(Proömium)*, einer Darstellung seines neuen Weltbilds und schließlich einer Naturphilosophie. Hier werden nur die ersten zwei Teile seines nicht vollständig überlieferten Lehrgedichts besprochen.

Am Anfang erzählt Parmenides, ganz im Stil des antiken Mythos, die Geschichte einer Begegnung mit überirdischen Wesen: Getragen von schnell laufenden Pferden, wird er von Jungfrauen (es handelt sich um die »Heliadenmädchen«, die Töchter von *Helios*, dem Sonnengott) zu einer geheimnisvollen Göttin geführt.

> Die Stuten, die mich tragen, so weit nur mein Mut reicht, gaben mir das Geleit, seit sie, führend, mich auf den ruhmvollen Weg der Göttin, der den wissenden Mann in alle Städte trägt, brachten. Auf diesem Weg ließ ich mich tragen, denn auf diesem trugen mich die vielverständigen Stuten, den Wagen ziehend mit gewaltiger Kraft, Jungfrauen wiesen den Weg. (SE, 5)

Der Name dieser Göttin wird nicht erwähnt; sie ist nett zu ihm und freut sich sichtlich, dass er sie aufgesucht hat:

> Vertrauensvoll empfing mich die Göttin, sie ergriff mit ihrer Hand meine Rechte, begrüßte mich und sprach die folgenden Worte: »Junger Mann, Gefährte unsterblicher Wagenlenkerinnen, der du mit den Stuten, die dich tragen, mein Haus erreicht hast, willkommen!« (SE, 5)

Wir wissen nicht genau, wo das Gespräch zwischen den beiden stattfindet. Die Reise zur lehrenden Göttin ist allerdings nicht ohne Schwierigkeiten. Um zu ihr zu gelangen, muss Parmenides durch »das Tor, wo sich die Pfade des Tages und der Nacht scheiden«, gelangen. Hier wird ihm der Weg zunächst von einer anderen Göttin, Dike, der personifizierten Gerechtigkeit, versperrt. Nur dank der Vermittlung der ihn begleitenden Heliaden kann Parmenides seine Reise fortsetzen, der freundlichen Göttin begegnen und schließlich die Wahrheit über die Natur der Welt erfahren.

> So gehört es sich, dass du alles erfährst: einerseits das unerschütterliche Herz der wirklich überzeugenden Wahrheit, andererseits die Meinungen der Sterblichen, denen keine wahre Verlässlichkeit innewohnt. (SE, 7)

Diese Wahrheit – die mit den »Meinungen der Sterblichen« offenbar im Widerspruch steht – wird nun in dem Lehrgedicht auch dem Leser mitgeteilt.

Die Rede der Göttin: Die methodologische Einführung

Man muss sich nicht von der Tatsache täuschen lassen, dass Parmenides seinen Lesern eine Geschichte (einen *Mythos!*) erzählt. Denn in diesem Lehrgedicht begegnet man einem vernünftigen Denker – einem kompromisslosen Rationalisten, der in der Geschichte der Philosophie seinesgleichen sucht. Was Parmenides in seinem Lehrgedicht inszeniert, ist eine göttliche Offenbarung. Es ist aber eine seltsame Offenbarung: Wir haben im ersten Kapitel gesehen, wie Hesiod von den Musen beschimpft wurde; Parmenides wird hingegen freundlich begrüßt und von der namenlosen Göttin wie ein willkommener, erwarteter Gast behandelt. Bemerkenswert ist auch die Tatsache, dass die Göttin keinen Namen hat. Ist dies, weil sie keine der traditionellen Göttinnen ist – sondern nur die Personifikation einer vollkommenen logischen Vernunft? (Genauso wie Dike traditionell die Personifikation der Gerechtigkeit ist?) Wie dem auch sei: Diese Göttin *erzählt* nicht, wie die

Musen von Hesiod, sondern *erklärt* ruhig und besonnen, zuerst wie man zur Wahrheit kommen kann, danach worin diese besteht. Dabei handelt es sich eher um einen methodisch durchdachten *Unterricht* als um eine überirdische *Offenbarung*.

Zwei Hauptwege der Forschung werden von der Göttin in ihren methodologischen Bemerkungen unterschieden:

> Ich werde also vortragen (du aber sollst das Wort, nachdem du es gehört hast, den Menschen weitergeben), welche Wege der Untersuchung einzig zu erkennen sind: die erste, dass es ist und dass nicht ist, dass es nicht ist, ist die Bahn der Überzeugung, denn sie richtet sich nach der Wahrheit; die zweite, dass es nicht ist und dass es sich gehört, dass es nicht ist. Dies jedoch ist [...] ein völlig unerfahrbarer Pfad [...]. (SE, 7)

Diese zwei »Wege der Untersuchung« können wie folgt umformuliert werden:

1. Das Seiende ist, das Nicht-Seiende ist nicht *(der Weg der Wahrheit)*.
2. Das Seiende ist nicht, das Nicht-Seiende ist *(der Weg der Falschheit)*.

Beide Urteile sind derart trivial, dass man zunächst nicht versteht, was daran so besonders sein soll. Dass *alles, was ist, ist,* scheint eine leere Aussage zu sein: Natürlich ist sie wahr, aber auch sehr wenig informativ. Dasselbe gilt für die Aussage, *alles, was ist, ist nicht*: Ist diese Aussage nicht so offensichtlich falsch, dass es gar nicht nötig ist, sie zu berücksichtigen?

Parmenides selbst scheint zuzugeben, dass kein Mensch die Wahrheit des ersten Satzes und die Falschheit des zweiten bestreiten würde, wenn er sie derart klar formuliert vor sich hätte. Aber in der Regel denken die Menschen eben nicht klar. Unser alltägliches Denken ist ein unbewusstes Schwanken zwischen den beiden »Wegen«.

Mit den folgenden warnenden Worten beschreibt die Göttin die alltägliche menschliche Meinung über die Welt:

> Ich halte dich aber auch zurück von dem Weg, über den die nichtswissenden Menschen irren, die Doppelköpfigen. Denn Machtlosigkeit lenkt in ihrer Brust den irrenden Verstand; sie treiben dahin, gleichermaßen taub wie blind, verblüfft, Völkerschaften, die nicht zu urteilen verstehen, denen das

> Sein und Nichtsein als dasselbe und zugleich als auch wieder nicht dasselbe gilt [...]. (SE, 9)

Es gibt also einen dritten Weg – jenen der Meinung bzw. des Irrtums, von dem man sich fernzuhalten hat:

3. Das Seiende ist und ist nicht *(der Weg der Meinung bzw. des Irrtums).*

Offensichtlich stellt dieser dritte »Weg« eine Kombination aus den ersten zwei Wegen dar: Im Einklang mit (1) wird behauptet, dass das Seiende ist; im Einklang mit (2), dass das Seiende nicht ist. Das Ergebnis ist ein Satz, der als Ganzes nicht stimmen kann, auch wenn er ein Element der Wahrheit enthält. Wer glaubt aber, dass (3) das Seiende zugleich sei und nicht sei? Auch wenn dies seltsam erscheinen mag, sind dies für Parmenides alle Menschen. Um zu verstehen, was er damit meint, muss zuerst seine scharfsinnige Kritik einer unserer natürlichsten Überzeugungen genauer betrachtet werden.

Der Weg der Meinung: Die Illusion des Werdens

Auch für Parmenides, wie schon für Heraklit, steht die Reflexion über das Werden im Mittelpunkt der Untersuchung. Anders als Heraklit betrachtet Parmenides es als illusorisch: Das *Seiende – das, was wirklich ist –* kann nur starr, unveränderlich, unbeweglich sein. Die Meinung, dass alles sich verändert, wird somit als falsch verworfen.

Wie kommt Parmenides zu dieser Konklusion? Um seinen Gedankengang zu verstehen, kann man sich ein Stück brennendes Holz vorstellen, das schließlich zu Asche wird.[2] Am Anfang eines solchen Prozesses gibt es ein Ding, das sich eindeutig als *Holz (H)* bestimmen lässt, während am Ende nur die *Asche (A)* übriggeblieben ist. Nun ist die Asche *nicht mehr* das ursprüngliche Stück Holz (damit gilt $H \neq A$); als Ergebnis eines Verbrennungsprozesses betrachtet, d. h. als verbranntes Holz, *ist* die Asche jedoch immer noch Holz (damit gilt $H = A$).

---

2 Das Beispiel stammt nicht von Parmenides, der seine Theorie nur abstrakt vorstellt, sondern von Severino (1995, S. 15) – der es allerdings in einem anderen Zusammenhang verwendet.

Als Produkt eines Prozesses betrachtet, wird die Asche also als etwas Widersprüchliches gedacht, denn sie ist zugleich mit dem ursprünglichen Stück Holz *identisch* und *nicht-identisch*. Auch andere Beispiele führen zu einem ähnlichen Schluss: Ein 40-jähriger Mensch *ist* und *ist nicht* das Kind, das er mit 10 Jahren war; eine Ruine *ist* und *ist nicht* das stolze Schloss von einst; ein prächtiger Schmetterling *ist* und *ist nicht* die hässliche Raupe, die er gewesen ist. Wichtig dabei ist immer, dass die Beziehung zwischen dem *Ergebnis* einer Veränderung und ihrem *Ursprung* eine der *Identität* sein muss. Wenn es nicht so wäre, könnte man zwar von einer *Sukzession* sprechen (ein Ding verschwindet, ein Neues taucht auf), aber nicht von einem *Werdeprozess*.

Diese Überlegungen lassen sich verallgemeinern und in der folgenden These zusammenfassen:

1. Das Werden lässt sich nicht ohne Widersprüche denken.

Diese These wirft die Frage auf, ob Widersprüche real sein können. Anders gesagt: Kann man zugeben, dass etwas Reales widersprüchlich ist? Parmenides setzt voraus, dass dies nicht der Fall ist; für ihn gilt:

2. Widersprüche können nicht real sein.

Parmenides versucht nicht, diese These zu begründen. Es gibt aber mindestens einen sehr guten Grund, wieso man sie für korrekt halten soll. Kann ein Ding zugleich die Eigenschaft *P* und die Eigenschaft *Nicht-P* haben? Kann es einen Gegenstand geben, der gleichzeitig 3 Kilo wiegt und auch nicht? Oder eine kreisförmige Figur, die zugleich ein Quadrat ist? Oder einen Elefanten, der auch kein Elefant ist? Diese (nur scheinbar) seltsamen Fragen sind viel schwieriger zu beantworten, als man zunächst meinen würde; vielleicht ist die Wirklichkeit tatsächlich widersprüchlich! Wenn es aber so wäre, dann wäre die Wirklichkeit für uns völlig undenkbar und unverständlich. Anders gesagt: Die Idee, dass die Welt im Prinzip verständlich sei, ist die *implizite Voraussetzung* jeder auf Vernunft basierenden Forschung; wer nicht an sie glaubt, wird sich gar nicht erst anstrengen, um Erklärungen zu suchen. Solange wir forschen und logisch denken, müssen wir also annehmen, dass die Welt keine Widersprüche enthält. (Das Problem wird später auch Aristoteles beschäftigen; vgl. Kap. V.4.)

Parmenides' Argument gegen die Wirklichkeit des Werdens kann nun vollständig wiedergegeben werden:

1. Das Werden lässt sich nicht ohne Widersprüche denken.
2. Widersprüche können nicht real sein.

---

3. Das Werden ist nicht real.

Da es aber so aussieht, also ob die Dinge sich verändern würden, muss man den folgenden Schluss ziehen:

4. Das Werden ist eine Illusion.

Das Argument ist gut aufgebaut, einerseits weil die Konklusion (3) aus den Prämissen (1) und (2) folgt, andererseits weil Parmenides ernsthafte Gründe hat, um die Prämissen (1) und (2) für wahr zu halten. Dennoch ist die Konklusion höchst problematisch und im etymologischen Sinn des Wortes regelrecht »paradox«: Sie widerspricht dem, was die Menschen normalerweise glauben (*para* = neben oder gegen, *doxa* = Meinung).

Wie die Göttin in ihrer methodologischen Einführung erklärt, sind alle Menschen wie »Doppelköpfige«. Inwiefern ist diese Aussage berechtigt? Das Beispiel des verbrannten Stückes Holz liefert eine klare Antwort auf diese Frage: Wer das Werden für real hält, muss zugeben, dass am Ende des Verbrennungsprozesses das Stück Holz zugleich *existiert* (die Asche *ist* verbranntes Holz) und *nicht existiert* (die Asche hat ganz andere Eigenschaften als das Stück Holz und ist somit etwas anderes). Die Menschen, die an die Realität des Werdens glauben, halten also zwei sich widersprechende Thesen für wahr; sie sind daher, bildlich gesprochen, wie Menschen, die in entgegengesetzte und ganz unvereinbare Richtungen schauen. Dies merken die Menschen natürlich nicht; Parmenides sieht es als seine Aufgabe an, die Widersprüchlichkeit unserer alltäglichen Denkweise offenzulegen – was nötig ist, damit wir uns davon befreien können.

Der Weg der Wahrheit: Wie das Seiende wirklich ist

Die echte Natur der Wirklichkeit kann also nur von einem Menschen entdeckt werden, der den Mut hat, sich von den alltäglichen Meinungen zu verabschieden. Zugleich muss der Forscher sich ausschließlich von dem scheinbar trivialen Prinzip *Das Seiende ist, das Nicht-Seiende ist nicht* leiten lassen. In ihrer Rede erklärt die Göttin, wie die Welt wirklich ist, wenn man sie auf methodologisch korrekte Weise untersucht. Es wird festgestellt, dass die menschliche Meinung auch dann irrt, wenn sie die Existenz einer Vielzahl von Dingen postuliert. Das Argument gegen die Pluralität lässt sich wie folgt zusammenfassen:

1. Wenn viele Seiende existieren würden, müssten sie durch das Nicht-Seiende voneinander getrennt sein. (Wenn es nicht so wäre, gäbe es keine Abgrenzungen zwischen den verschiedenen Seienden und sie würden alle zusammen kollabieren.)
2. Das Seiende ist, das Nicht-Seiende ist nicht. *(Weg der Wahrheit)*

---

3. Es gibt nicht viele Seiende; die ganze Wirklichkeit ist ein einziges Seiendes.

Parmenides' Welt ist also wie ein einziger »Block« aufzufassen, starr und unveränderbar.

Mit einer Reihe ähnlicher Argumente (die den »Weg der Wahrheit« als zweite Prämisse aufweisen) lässt sich auch zeigen, dass das Sein nicht entstanden und nicht vergänglich ist:

1. Wenn das Seiende entstanden wäre, müsste zuerst das Nicht-Seiende existiert haben.
2. Das Seiende ist, das Nicht-Seiende ist nicht. *(Weg der Wahrheit)*

---

3. Das Seiende kann nicht entstanden sein; es ist seit ewig da.

Das Verschwinden des Seienden bzw. der Welt ist ebenfalls unmöglich:

1. Wenn das Seiende vergehen könnte, müsste das Nicht-Seiende existieren können.
2. Das Seiende ist, das Nicht-Seiende ist nicht. *(Weg der Wahrheit)*

---

3. Das Seiende kann nicht vergehen; es wird ewig sein.

Das Seiende, dies ließe sich auf der Basis der drei gerade betrachteten Argumente vielleicht schließen, kennt keine Zeit; es existiert in einer Art unendlicher Gegenwart. Ihm haftet etwas Göttliches an, wie Parmenides bemerkt, aber dabei kann es sich unmöglich um einen persönlichen Gott handeln. Auch die Bewegung ist in einem derart statischen Universum undenkbar. Damit sich etwas bewegen kann, müsste ein leerer Raum existieren; doch was ist die Leere, so argumentiert Parmenides (oder genauer gesagt, sein Schüler Melissos), wenn nicht das unmögliche Nicht-Seiende?

1. Die Bewegung setzt die Existenz der Leere (als das Nicht-Seiende aufgefasst) voraus.
2. Das Nicht-Seiende gibt es nicht. *(Weg der Wahrheit)*

---

3. Es gibt keine Bewegung.

Parmenides' Philosophie ist bewundernswert, wenn auch auf eine sehr befremdliche Art. Einerseits ist es beeindruckend, mit welcher Radikalität und Kompromisslosigkeit dieser Denker an die Macht der reinen Vernunft glaubt. *Nur das gilt als wahr, was die Vernunft ohne Widersprüche begreifen und mittels schlüssiger Argumente beweisen kann* – unabhängig davon, ob die damit erreichten Konklusionen paradox anmuten. Einer für die Menschen natürlichen und oft verlässlichen Quelle von Information, der sinnlichen Erfahrung (die die Realität des Werdens und die Existenz zahlreicher Dinge zu belegen scheint), gesteht er überhaupt keinen Wert zu!

Andererseits lässt seine Theorie einige Fragen aufkommen, die er in seinem Lehrgedicht nicht zu beantworten versucht:

1. *Ist dies Erkenntnis?* Die Welt von Parmenides ist zwar eine Welt, die wir *abstrakt begreifen* können, aber wirklich *vorstellen* können wir sie uns nicht. Tatsächlich sind die Konklusionen seiner Argumente nur negative Aussa-

gen; sie sagen, wie die Welt *nicht* ist (nicht veränderlich, nicht entstanden usw.), aber nicht, wie sie ist. Zwar schreibt er an einer Stelle, dass das Seiende eine Kugel ist; dies ist aber vermutlich symbolisch zu interpretieren – als Hinweis dafür, dass das Seiende aufgrund seiner Ewigkeit, Unveränderbarkeit und Unteilbarkeit etwas Vollendetes und Vollkommenes ist.

2. *Was ist eine Illusion?* Wenn nur das einheitliche Seiende real ist, dann versteht man nicht, was man von der sinnlich wahrnehmbaren Welt halten soll. Uns erscheinen verschiedene Dinge, Tiere, Pflanzen und Menschen: Wenn diese Dinge »nicht real« sind, was sind sie dann? Ein reines Nichts können sie gewiss nicht sein, da sie uns offensichtlich erscheinen und somit irgendwie existieren. Was aber kann es zwischen *dem Seienden* und *dem Nicht-Seienden* geben?
3. *Wie entsteht der Irrtum?* Nicht erklärlich ist auch, wie eine irrtümliche Meinung über die Welt entstanden sein kann: Wieso ist z. B. die Meinung entstanden, dass alle Dinge sich verändern, wenn die Welt genau das Gegenteil ist, nämlich unveränderlich?

Parmenides' Nachfolger werden sich mit diesen Fragen auseinandersetzen müssen.

Bevor dieser Abschnitt beendet wird, lohnt es sich, das Proömium des Lehrgedichts noch einmal anzuschauen. Wieso leitete ein derart logisch denkender Philosoph seine Theorie durch einen »Mythos« ein? Wollte er den Leser beeindrucken? Seinen Worten durch den angeblich göttlichen Ursprung mehr Gewicht verleihen? Oder hatte er tatsächlich eine Vision, die er dann mit Argumenten zu unterstützen versuchte? Wir werden diese Fragen nie beantworten können. Gewiss ist aber, dass Parmenides' Proömium sich als eine raffinierte Darstellung seiner eigenen intellektuellen Entwicklung interpretieren lässt. Der »Weg«, auf dem sich Parmenides zuerst befindet, ist die irrtümliche menschliche Meinung: Von diesem entfernt er sich, als er zu philosophieren beginnt, nicht ohne Zögern und mit Angst (symbolisiert wird dies durch die Tatsache, dass er beim Tor angehalten wird). Danach gelingt ihm der Sprung in eine neue Dimension, jene der reinen Vernunft (symbolisiert durch die namenlose Göttin). Hier kann er endlich klar zwischen Wahrheit und Falschheit unterscheiden. Der Reisende hat die alltägliche Meinung nun definitiv überwunden; er hat eine höhere, aber schwierige und problematische Wahrheit erreicht.

4. Parmenides' Erbe: Der naturalistische Pluralismus

Parmenides' gleichermaßen paradoxe wie logische Philosophie hatte großen Einfluss auf seine Nachfolger. Wenn man dazu die früheren *arché*-Spekulationen berücksichtigt, wird ersichtlich, dass diese späteren Denker mit zwei Problemen auf einmal konfrontiert wurden:

1. *Der Widerspruch zwischen Vernunft und Erfahrung.* Das erste Problem ergibt sich unmittelbar aus der Philosophie des Parmenides. Die Provokation seiner Theorie besteht darin, dass die auf der Basis logischer Argumente erreichten Konklusionen den offensichtlichsten Tatsachen widersprechen. Die zwei Quellen der menschlichen Erkenntnis – die *Vernunft* und die *Erfahrung* – begründen zwei ganz verschiedene Auffassungen der Wirklichkeit:

Vernunft	**Erfahrung**
Das Seiende ist eins.	Es gibt viele Dinge.
Das Seiende ist unveränderlich.	Alles ist im stetigen Wandel begriffen.

Ein solches Resultat ist nicht leicht zu akzeptieren. Idealerweise verfügt man über eine Theorie, die *im Einklang mit der Erfahrung* weder die Existenz zahlreicher Dinge noch jene des Werdens leugnet. Gleichzeitig sollte diese Theorie *im Einklang mit der Vernunft* das fundamentale Prinzip von Parmenides' Philosophie berücksichtigen bzw. nicht verletzen – nämlich die Aussage *Das Seiende ist, das Nicht-Seiende ist nicht* (der »Weg der Wahrheit«).

Die Frage nach der Verlässlichkeit der Erfahrung taucht schon in der Philosophie Heraklits auf, da dieser die Einzeldinge unserer Alltagserfahrung nicht als stabile Substanzen, sondern als Prozesse versteht. Dennoch nimmt das Problem erst in der Philosophie Parmenides' eine radikale und deshalb beunruhigende Form an; der alltäglichen Erfahrung entsprechend erkennt Heraklit nämlich sowohl die Realität des Werdens als auch die Existenz einer Pluralität von Dingen an.

2. *Die Frage nach dem Ursprung aller Dinge.* Das Problem einer Wiederversöhnung des Denkens mit der Erfahrung ist nicht das einzige, das als Ergeb-

nis der philosophischen Spekulation offengeblieben ist. Wie im ersten Kapitel erläutert worden ist, endet die Spekulation über die Natur der *arché* in einer Sackgasse: Wenn man den Urgrund als ein bestimmtes Element festlegt, kann man die anderen Elemente nicht ableiten; wenn man die Natur des Urgrunds hingegen unbestimmt lässt, hat man nichts über ihn gesagt.

Parmenides' Nachfolger versuchten Theorien zu entwickeln, die gleichzeitig eine Antwort auf beide Fragen lieferten. Betrachten wir zuerst ihre Lösung des zweiten Problems. Die Tatsache, dass die Spekulation über die Natur des Urgrunds in einen Widerspruch führt, bedeutet für sie, dass es den Urgrund nicht gibt. Ihr Gedankengang hat die logische Form einer *reductio ad absurdum* und lässt sich wie folgt darstellen:

1. Wenn es ein Urprinzip gibt, dann muss dieses in seiner Natur sowohl bestimmt als auch unbestimmt sein. (Das ist das Gesamtergebnis der ersten *arché*-Spekulation.)
2. Kein Ding kann sowohl bestimmt als auch nicht-bestimmt sein, denn dies ist widersprüchlich. (Die Gültigkeit des Satzes vom Widerspruch wird hier erneut angenommen.)

---

3. Es gibt kein Urprinzip.

Statt einen einzigen Urgrund zu postulieren, behaupten sie nun die Existenz einer Vielzahl von Grundprinzipien. Damit befreien sie sich von dem Weltbild, das die ersten Philosophen vom Mythos übernommen hatten, und ersetzen es durch ein neues Modell: Die vielen Dinge, die wir sinnlich wahrnehmen, sind nichts anderes als Aggregate oder Kombinationen von einfachsten, grundlegenden Teilen. Die Einzeldinge entstehen nicht mehr aus einer übergeordneten Einheit, sondern sie werden nun als *Komplexe* aufgefasst, die aus einer Vielzahl von *Partikeln* bestehen.

Diese Neuerung ist wichtig und markiert einen weiteren Schritt im Prozess der Emanzipation der Philosophie (oder, wenn man so will, des rationalen Denkens) vom Mythos: Das Weltbild Hesiods, *das von den ersten Philosophen zunächst unkritisch und sehr wahrscheinlich unbewusst übernommen wurde,* wird nun durch ein mechanistisches Modell ersetzt, in dem die Begriffe von »Teil« und »Ganzheit« – und nicht jene von »Ursprung« und »Urgrund« – zentral sind.

Auf der Basis dieses Modells, dies der Anspruch der neuen Philosophen, lässt sich die Natur des Werdens besser beschreiben. Es sind nun nicht die Grundbausteine der Wirklichkeit, die sich verändern, sondern nur deren Kombinationen. Diese Idee findet ihre genaueste Formulierung in einem Fragment von Anaxagoras:

> Die Griechen haben keine richtige Meinung vom Entstehen und Vergehen. Denn keine Sache entsteht oder vergeht, im Gegenteil: Es tritt aus Seienden etwas in Mischung zusammen und trennt sich wieder. Deshalb sollten sie besser das Entstehen als ein Sichzusammenmischen und das Vergehen als ein Sichtrennen bezeichnen. (VO, 593)

Die verschiedenen Theorien, die in der Nachfolge von Parmenides entwickelt wurden, übernehmen alle diese Auffassung; sie unterscheiden sich vor allem darin, wie sie die grundlegenden Partikel beschreiben.

Der Lösungsvorschlag von Empedokles: Die vier »Wurzeln«

Beim Versuch, die Natur des Urprinzips mit einem bestimmten Element zu identifizieren, scheiterte man an dem Problem, dass aus einem bestimmten Element die anderen nicht abzuleiten sind. Die Lösung des Empedokles besteht nun darin, alle vier Elemente – Feuer, Wasser, Luft und Erde – als grundlegende Bausteine der empirischen Wirklichkeit zu setzen. (Empedokles spricht allerdings nicht von »Elementen«, sondern von »Wurzeln«, d. h. von »dem, woraus etwas anderes hervorgeht«.)

Nichts entsteht oder vergeht in einem absoluten Sinn des Wortes, wie Parmenides gelehrt hatte:

> Dass aus dem überhaupt nicht Seienden etwas entsteht, ist nämlich unmöglich, und dass Seiendes völlig vernichtet wird, ist weder zu verwirklichen, noch kann es davon Kunde geben: Denn wohin auch immer man es stets wieder abschieben wird, dort wird es doch immer *sein*. (VO, 449)

Veränderung gibt es trotzdem – wenn die Teile eines Komplexes sich voneinander trennen oder in neuen Kombinationen auftreten:

> Doch etwas anderes will ich dir sagen: [...] es gibt nur Mischung und Trennung von vorher Vermischtem. (VO, 451)

> Wenn ans strahlende Tageslicht tritt, was zu einem Mann gemischt ist oder zum Geschlecht der wilden Tiere oder der Sträucher oder der Vögel, dann nennen es die Menschen »Entstehen«; wenn die Elemente sich wieder voneinander scheiden, dann nennen es die Menschen das »unselige Verhängnis«. Recht ist es nicht, wie sie sprechen, aber als bloße Konvention [als konventionelle Redeweise, P. B.] lasse ich es auch für mich selbst gelten. (VO, 452–53)

Die Idee, dass sich aus nur vier Elementen die ganze Welt erklären ließe, mag zu einfach erscheinen. Im Kern hat Empedokles aber die Grundidee der Chemie erfasst. Die Unterschiede zwischen den verschiedenen Dingen lassen sich in dieser Theorie nämlich auf der Basis ihrer verschiedenen elementaren Kompositionen erklären. Empedokles selbst versucht, die Struktur der einzelnen Dinge zu beschreiben: So sind die wahrnehmbaren Eigenschaften des Blutes (Farbe, Flüssigkeit usw.) darauf zurückzuführen, dass Blut zu je einem Viertel auf Luft, Wasser, Erde und Feuer besteht. (Man braucht diese Idee nur als Formel niederzuschreiben, was Empedokles nicht tut, um ihre Modernität zu erkennen: Blut = L1-W1-E1-F1.)

Der Lösungsvorschlag von Anaxagoras: Die unendlichen »Samen«

Die Anzahl verschiedener Dinge ist derart groß, dass man zweifeln kann, ob sie alle aus nur vier Elementen ableitbar sind. Deswegen postuliert Anaxagoras eine indefinite Anzahl qualitativ verschiedener Grundstoffe: Es gibt genauso viele mikroskopische Partikel (diese ursprünglichen Stoffe nennt er »Samen«), wie es verschiedene Arten von makroskopischen Dingen gibt. Anaxagoras leugnet aber, dass die Urstoffe ungetrennt existieren. Für ihre Erhaltung und ihr Wachstum brauchen alle lebendigen Organismen geeignete Nahrungsmittel, die den Organismen alle notwendigen Substanzen liefern. Ein Stück Brot muss also nicht nur Brotteilchen enthalten, sondern auch Haar, Fleisch, Blut- und Knochenteilchen. Jedes Element, dies Anaxagoras' wagemutige Generalisierung, enthält alle anderen Elemente.

Ein älterer Bericht fasst diese Position wie folgt zusammen:

> Wir verzehren nun einmal einen Nahrungsstoff, der einfach und einförmig ist, wie das Brot [...], wozu wir Wasser trinken. Und aus diesem Nahrungsstoff werden ernährt Haar, Ader, Luftröhre, Sehnen, Knochen und die übrigen Teile [des Lebewesens]. Weil dies nun in dieser Weise geschieht, ist also anzuerkennen, dass in dem verzehrten Nahrungsstoff alle seienden Dinge enthalten sind [...]. (VO, 617)

Wie Anaxagoras selbst pointiert fragt:

> Denn wie könnte aus Nicht-Haar Haar entstehen und aus Nicht-Fleisch Fleisch? (VO, 615)

Diese Konklusion, die schwerlich nur auf der Basis des Phänomens der Ernährung gewonnen werden kann, passt gut zu Anaxagoras' Hypothese über die Entstehung des Kosmos. Ursprünglich sollen alle Samen zusammen in einem kugelförmigen »Urgemisch« existiert haben; erst als diese Kugel zu rotieren begann, haben sich die Samen ausgesondert, ohne sich jedoch von allen anderen deutlich trennen zu können.

Ursache dieser ersten Bewegung soll eine Art göttliche Intelligenz *(nous)* gewesen sein, und gerade darin liegt eine weitere Neuigkeit dieser Konzeption: einerseits, weil die Entstehung der Welt nun explizit als etwas gedacht wird, das *absichtlich* in Gang gesetzt worden ist; andererseits, weil damit scheinbar eine Realität postuliert wird, die nicht natürlicher Art ist – ein *immaterielles* Prinzip (der *nous*), das für die Entstehung des *materiellen* Kosmos verantwortlich ist.

Der Lösungsvorschlag von Leukipp und Demokrit: Die qualitätslosen Atome

Empedokles weist den Grundelementen *vier* mögliche Seinsweisen zu (Feuer, Wasser, Erde, Luft), Anaxagoras hingegen *alle möglichen* Seinsweisen. Rein logisch betrachtet, besteht noch die Möglichkeit, dass den Grundbausteinen *keine qualitative Natur* zugewiesen wird. Diese Option wird von den Atomisten Leukipp und Demokrit bevorzugt.

Die Bausteine der Wirklichkeit – nun »Atome« genannt (aus *atomos*, unteilbar) – haben in dieser Theorie genau jene Eigenschaften, die das Seiende von Parmenides charakterisieren: So ist jedes Atom ewig (nicht-entstanden und nicht-vergänglich) und unveränderbar. Folgendes liest man in einem späteren Bericht von Plutarch (45–125 n. Chr.) über Demokrits Naturphilosophie:

> Denn was behauptet Demokrit? [Er sagt,] in dem Leeren zerstreut bewegen sich die Substanzen, der Zahl nach unendlich wie auch unteilbar [...] und ohne Qualität und für die Einwirkung unempfänglich, wenn sie sich einander näherten oder zusammenstießen oder verflöchten, so träten einige dieser Anhäufungen als Wasser, andere als Feuer, andere als Pflanze und wieder andere als Mensch in Erscheinung. (VO, 693)

Auch andere Autoren haben eine Beschreibung der Atome hinterlassen:

> Er [Demokrit] nimmt an, dass die Substanzen so klein sind, dass sie sich unseren Sinnen entziehen, und es kämen ihnen allerlei Gestalten und allerlei Formen und Größenunterschiede zu. Diese verwendet er nun als Elemente, und aus ihnen lässt er die den Augen erscheinenden und wahrnehmbaren Massen entstehen und unterschiedlich sich zusammenfügen. (VO, 697)

Die Atome besitzen keine *qualitativen* Merkmale, wie etwa eine Farbe oder einen Geruch. Bestimmt sind sie nur durch ihre *quantitativen, messbaren bzw. mathematisch erforschbaren* Eigenschaften, wie etwa Größe, Gewicht und Gestalt. Bildlich gesprochen sind diese Atome das, was übrigbleiben würde, wenn man das einheitliche »Seiende« des Parmenides in Stücke zerschlagen könnte.

In dieser Theorie entstehen die sinnlich wahrnehmbaren Dinge durch zufällige Kombinationen von Atomen, die sich im leeren Raum bewegen. Wenn Atome auf eine passende Form stoßen, entsteht eine neue Verbindung, ansonsten setzen sie ihre Bewegung im unendlichen Raum in verschiedene Richtungen fort. Auf diese rein mechanische Weise sind alle Dinge entstanden, und sie werden erst dann wieder vergehen, wenn die Verkettung aufgrund der Kollisionen mit anderen Verkettungen oder mit freischwebenden Atomen schwächer wird. Nur die Aggregate werden jedoch verschwinden, nicht die Atome selbst.

Unter den Pluralisten sind die Atomisten diejenigen, die sich am ernsthaftesten mit der Philosophie des Parmenides auseinandersetzen. Inwiefern stellt nun ihre Theorie eine gelungene Versöhnung von Vernunft und Erfahrung dar? Dass die Atomisten nicht alle Konklusionen der Philosophie Parmenides' aufrechterhalten können, ist offensichtlich: erstens, weil sie eine Vielzahl von Atomen postulieren, während für Parmenides das Seiende eine einzige Einheit bildet; zweitens, weil sie ihre Atome in Bewegung setzen, während Parmenides' Seiendes absolut unbeweglich ist; drittens, weil sie die Realität der Leere anerkennen, so dass sie schlussendlich sagen müssen, dass auch das Nicht-Seiende irgendwie »ist«.

Diese letzte Aussage ist nicht selbstverständlich und muss daher erklärt werden. Parmenides hatte folgendermaßen argumentiert:

1. Die Bewegung setzt die Existenz der Leere (das Nicht-Seiende) voraus.
2. Das Nicht-Seiende gibt es nicht.

---

3. Es gibt keine Bewegung.

Diese Argumentation drehen die Atomisten nun folgendermaßen um:

1. Die Bewegung setzt die Existenz der Leere (das Nicht-Seiende) voraus.
2. Es gibt Bewegung. (Das zeigt die Erfahrung).

---

3. Es gibt die Leere (das Nicht-Seiende).

Es ist klar, dass diese Konklusion den Atomisten ein gewisses Unbehagen verursacht. Dieses versuchen sie zu vermeiden, indem sie die Leere nicht als schlichtweg inexistent auffassen, sondern als eine besondere Art von Seiendem zu denken versuchen. Dass auch dem Leeren für die Atomisten eine Art positive Realität zukommt, geht aus dem folgenden Bericht des Aristoteles klar hervor:

> Leukipp und sein Schüler Demokrit sagen, die Elemente seien das Volle und das Leere, wobei sie das eine als seiend, das andere als nicht-seiend bezeichnen, und zwar von diesen [Elementen] das Volle und Harte als das Seiende, das Leere und Feine als das Nichtseiende. (VO, 699)

Hier wird das Leere zwar als »nicht-seiend« bezeichnet, aber zugleich explizit auch zusammen mit den Atomen als »Element« mitgezählt und als »Feines« (in Opposition zu den »harten«, undurchdringlichen Atomen) beschrieben. Die Atome und das Leere sind daher nicht absolute Gegensätze, sondern eher komplementäre Seiten der Wirklichkeit.

Neben der Schwierigkeit, einen Platz für die Leere in ihrer Theorie zu finden, müssen die Atomisten auch andere Probleme lösen, die aus ihren eigenen Grundprinzipien entstehen. Wenn die Welt aus Atomen besteht, die selbst keine qualitativen Eigenschaften besitzen, wieso erleben wir eine Welt, die Farben, Gerüche usw. hat? Die Atomisten behaupten, dass diese Eigenschaften nur Wahrnehmungen eines Subjekts sind, die dann entstehen, wenn Atome aus der äußeren Welt in unsere Körper eindringen. Damit wird das *prinzipielle* Problem allerdings nicht gelöst: Da auch die menschliche Seele als Komplex von Atomen aufzufassen ist, stellt sich immer noch die Frage, wie eine Kollision von qualitätslosen Partikeln etwas qualitativ derart Reiches und Komplexes wie ein menschliches Erlebnis hervorrufen kann. (Eine verallgemeinerte Version dieses Problems – Wie passt der menschliche Geist in eine physikalische Welt? – wird in der heutigen Philosophie rege diskutiert.)

Keine dieser Naturphilosophien ist in der vorgeschlagenen Form haltbar. Aus dem Versuch, den Paradoxien der Philosophie Parmenides' zu entkommen, sind jedoch Theorien entstanden – nicht nur der Atomismus, sondern auch Empedokles' Proto-Chemie –, die modern anmuten und ab dem 17. Jh. auch tatsächlich das Grundgerüst der modernen Naturwissenschaften bildeten. Auch die Vorstellung, dass die Atome nur mathematisch erfassbare Eigenschaften besitzen, nimmt eine entscheidende Einsicht der modernen Wissenschaft vorweg. Die ersten Philosophen mögen keine sichere Wahrheit erreicht haben; ihr kollektiver Versuch, eine zu finden, hat jedoch neue, produktive und sehr langlebige Ideen hervorgebracht.

III. Sprache, Wahrheit und Moral
Sokrates und die Sophisten

1. Einführung: Die humanistische Wende

Mit den Spekulationen der Pluralisten kommt die erste Phase der antiken Philosophie zu einem Ende. Ab Mitte des 5. Jh.s v. Chr. verliert die philosophische Auseinandersetzung mit der Frage nach dem Wesen der Natur (bzw. des Seienden) eine Zeit lang an Vitalität. So viele verschiedene Theorien sind seit Thales entwickelt worden, dass alle Möglichkeiten, die Welt zu erklären, ausgeschöpft scheinen. Die Reflexion über das Seiende hat zugleich klar erkennen lassen, dass der Mensch eine besondere Stellung in der Totalität der Dinge einnimmt. Der Mensch und das, was ihn wesentlich ausmacht – seine Sprache, seine Werte, seine Teilnahme an einer Gesellschaft und Kultur –, werden nun die neuen Schwerpunkte der philosophischen Untersuchung.

Auch veränderte historische Verhältnisse sind für diese »humanistische« (»anthropologische«) Wende verantwortlich. Im 5. Jh. v. Chr. erlebten viele griechische Stadtstaaten, die bis dahin von einem kleinen Kreis von Aristokraten regiert wurden, eine demokratische Entwicklung. Die durch den blühenden Handel reicher gewordenen Bevölkerungsschichten verlangten nach mehr politischem Einfluss, der ihnen auch gewährt wurde. Damit stieg aber auch das Bedürfnis nach einer angemessenen politischen, juristischen und rhetorischen Bildung. Als Antwort auf die neue Nachfrage entstand eine neue Figur des Intellektuellen: der Sophist, der angeblich über ein solches Wissen verfügte und als wandernder Lehrer gegen Bezahlung ambitionierte junge Männer unterrichtete. Historisch gesehen ist dies eine sehr wichtige Entwicklung, denn die Lehre wird damit »professionalisiert«.

Die Sophisten haben dennoch einen zweifelhaften Ruhm. Das Wort »Sophist« bedeutet eigentlich »Sachkundiger«: Ein Sophist ist also jeder, der über eine gewisse Expertise verfügt. Ihre Kritiker, darunter ein so wichtiger und historisch einflussreicher Philosoph wie Platon, beschreiben sie hingegen als trügerische »Wortverdreher«. Die Sophistik ist aber eine komplexe und vielschichtige Bewegung, die man schwerlich pauschal beurteilen kann. Im Folgenden wird eine ihrer wichtigsten philosophischen Thesen besprochen – eine, die auch heute von großer Bedeutung ist: der sogenannte »Relativismus«.

2. Die Sophisten: Relativismus und Rhetorik

Als programmatisch für die ganze sophistische Bewegung gilt traditionell eine berühmt gewordene Aussage von Protagoras:

> Der Mensch ist das Maß aller Dinge, der seienden, dass (wie) sie sind, der nichtseienden, dass (wie) sie nicht sind.

Wie dieser Satz – der sogenannte *Homo-Mensura*-Satz – genau zu verstehen sei, ist umstritten. Gewöhnlich liest man darin eine erste Formulierung des Relativismus, also die philosophische These, dass es keine »objektive« Wahrheit gibt, da jedes Urteil immer aus der Perspektive eines bestimmten Individuums gefällt wird. Der einzelne Mensch ist das »Maß aller Dinge« in dem Sinne, dass er allein bestimmt, wie die Dinge sind.

Diese Idee leuchtet in gewissen Fällen offensichtlich ein: Ist genug Salz in der Suppe oder nicht? Ist das Wetter kalt oder warm? Ist das Bild schön oder hässlich? Verschiedene Personen werden auf solche Fragen unterschiedlich reagieren, ohne dass es möglich wäre, ihre divergierenden Antworten für objektiv falsch oder richtig zu erklären. Da es kein objektives Kriterium gibt, ist die beurteilende Person die letzte Autorität – also das »Maß«. (Das Urteil ist somit »relativ«, d. h. »abhängig von« der bestimmten Verfassung der Urteilenden, und nicht »absolut«, d. h. davon »abgelöst«.)

Diese relativistische Intuition wird aber von Protagoras verallgemeinert, da der Mensch in seinem Fragment nicht nur als »Maß«, sondern als »Maß *aller Dinge*« bezeichnet wird. Wenn man diese Idee ernst nimmt, kommt man zu dem erstaunlichen Schluss, dass der Mensch auch über die Existenz oder Nicht-Existenz der Dinge bestimmen kann. Wenn es einem Menschen *so scheint*, dass etwas existiert, dann *existiert* es auch. Wenn es einem Menschen dagegen scheint, dass etwas nicht existiert, dann existiert es nicht. So kann es (für den Papst) wahr sein, dass Gott existiert, zugleich aber auch (für einen Atheisten), dass er nicht existiert. Und die Frage, wer nun richtig liegt, stellt sich nicht! (Diese Frage, welche der beiden Positionen *wahr* sei, ist weder mit der Frage zu verwechseln, ob verschiedene Personen eine eigene Meinung *haben*, noch mit jener, ob sie ein *Recht* auf eine eigene Meinung haben.)

Wir wissen nicht, ob Protagoras dieser Interpretation zustimmen würde, da der Text, in dem der oben zitierte *Homo-Mensura*-Satz vorkommt, verloren gegangen ist. Wir verfügen also weder über zusätzliche Erläuterungen, noch kennen wir die Argumente, mit denen Protagoras seine These gerechtfertigt hat. Wir wissen aber, dass viele Sophisten eine relativistische Position mit Bezug auf moralische Fragen vertreten haben. So gäbe es keine objektiv richtige Antwort auf die Frage, ob eine bestimmte Handlung (z. B. »heiraten« oder »Krieg führen«) »gut« oder »böse« sei. Dies sei schlussendlich nur Ansichtssache.

In einem anonymen Text mit dem Titel *Dissoi Logoi* (»Zweierlei Ansichten«) nimmt der Relativismus eine ausgeprägte *kulturethische* Dimension an. Verworfen wird hier die These der Existenz von allgemein gültigen moralischen Normen (der sogenannte »Universalismus«). Und der Mensch, der hier als »Maß aller Dinge« auftritt, ist nicht das einzelne Individuum, sondern der Mensch *als Mitglied einer bestimmen Gesellschaft oder Kultur*.

Das anonyme Argument hat zwei Teile. Im ersten wird eine (sehr interessante) Liste von Fakten wiedergegeben:

> Ich komme nun zu dem, was die Städte und Völker für schimpflich erachten. [...] Bei den Makedoniern gilt es als schicklich, wenn die Mädchen sich vor der Heirat verlieben und mit einem Mann verkehren, nach der Heirat aber als schimpflich; für die Hellenen aber ist beides schimpflich. Bei den Thrakern ist es eine Zierde, wenn die Mädchen sich tätowieren, bei den anderen Völkern sind Tätowierungen eine Strafe für Verbrecher. Die Skythen halten es für schicklich, dass einer, wenn er einen Mann niedergemacht hat, ihm den Kopf abhäutet und seinen Skalp vor dem Pferd herträgt, den Schädel aber vergoldet und versilbert, um daraus zu trinken und den Göttern zu opfern; bei den Hellenen aber wollte man nicht dasselbe Haus betreten mit einem, der solches getan hat. Die Massageten hauen ihre Eltern in Stücke und verzehren

> sie, und als schöne Grabstätte gilt es ihnen, in ihren Kindern begraben zu sein, täte dies aber einer in Hellas, so würde er aus Hellas fortgetrieben und einen schlimmen Tod erleiden für eine so ungeheuerliche Schandtat. (SO, 299)

Im zweiten Teil wird dann eine provozierende philosophische Folgerung gezogen:

> Ich glaube, wenn man allen Menschen befehlen würde, die Dinge, die sie jeweils für schimpflich halten, an einer Stelle zusammenzubringen und von den dort aufgehäuften Dingen wiederum die wegzunehmen, die sie jeweils als schicklich betrachten, so würde nichts übrigbleiben, sondern alle würden alles untereinander teilen. Denn nicht alle hegen dieselben Ansichten. (SO, 301)

Diese gesamte Argumentation lässt sich wie folgt umformulieren:

1. Verschiedene Kulturen haben verschiedene, miteinander unvereinbare moralische Normen.

---

2. Es gibt keine allgemeingültigen (kulturübergreifenden) moralischen Normen (Kulturrelativismus).

In dieser Form ist das Argument freilich nicht besonders überzeugend, und zwar aus den folgenden Gründen:

Erstens ist nicht klar, dass die faktische Prämisse stimmt. Natürlich haben verschiedene Kulturen oft verschiedene Wertvorstellungen. Vielleicht gibt es aber auch Normen, die alle Kulturen für richtig erachten (ein Kandidat könnte die folgende sein: *Kinder sind nicht zu foltern*). Der anonyme Sophist liefert zwar eine lange Liste verschiedener Sitten, die tatsächliche Inexistenz von geteilten Normen kann aber auf dieser Basis nicht behauptet werden; hier wäre eine viel umfassendere empirische Untersuchung nötig.

Zweitens könnte man sich fragen, ob eine Kultur existiert, die gar keine Moral hat. Wenn dies *nicht* der Fall wäre, dann würden alle Kulturen das Prinzip anerkennen, dass *man ein Leben im Einklang mit der Moral leben soll*. Ein solches Prinzip wäre zwar viel formaler und abstrakter als inhaltlich konkrete Prinzipien wie *Kinder sind nicht zu foltern*. Es würde sich dabei aber immer noch um ein moralisches Prinzip handeln, da es die Art und Weise beschreibt, wie man sein Leben zu führen hat.

Drittens, und in logischer Hinsicht besonders wichtig: Auch wenn es tatsächlich kein moralisches Prinzip gibt, das von allen Kulturen als gültig anerkannt wird (wenn die faktische Prämisse (1) also wahr wäre), würde daraus *nicht* folgen, dass es keine universell gültigen Normen gibt. Es könnte nämlich sein, dass nicht alle Kulturen diese Normen anerkannt haben. In diesem Fall müsste man zwischen »moralisch fortgeschrittenen« und »moralisch unterentwickelten« Kulturen unterscheiden. (Diese Vorstellung mag befremdlich erscheinen; gegenüber der Frage der moralischen Überlegenheit scheint unser Zeitalter jedoch schizophren zu sein – keiner will Menschen aus anderen Kulturkreisen herabsetzen, aber jeder scheint zugleich die eigene Kultur für die beste zu halten.)

Interessanter, und wahrscheinlich auch näher an den Intentionen des anonymen Autors des Textes, ist die folgende Rekonstruktion:

1. Verschiedene Kulturen haben verschiedene (unvereinbare) moralische Normen.
2. Es gibt keinen objektiven, kulturunabhängigen Standpunkt, von dem aus verschiedene Kulturen beurteilt werden können.

---

3. Es gibt keine allgemeingültigen (kulturübergreifenden) moralischen Normen (Kulturrelativismus).

Der entscheidende Unterschied zwischen dieser zweiten Rekonstruktion und der ersten liegt bei der zweiten Prämisse. Diese wirft eine wichtige Frage auf: Wenn zwei verschiedene Kulturen K1 und K2 verschiedene Systeme moralischer Normen haben, wie lässt sich entscheiden, welches der beiden Systeme richtig ist?

Beurteilt man die Prinzipien einer anderen Kultur auf der Basis der Prinzipien der eigenen, hat man nicht viel erreicht: Es kann höchstens gesagt werden, dass die Prinzipien der K2 *aus der Perspektive der K1* falsch erscheinen. Das bedeutet aber nicht, dass diese Prinzipien auch *tatsächlich* falsch sind, sondern nur, dass diese einem Menschen aus einem bestimmten Kulturkreis so *erscheinen*.

Das von den Kulturrelativisten beschriebene Problem ist ein ernsthaftes. Sowohl unsere Sensibilität als auch unsere Denkweisen (die eng verwoben sind mit dem Gebrauch einer bestimmten Sprache) haben sich in einer bestimmten historischen Gesellschaft entwickelt: Wie kann man sicher sein, dass bei der Beurteilung fremder Sitten keine kulturell bedingten Vorurteile mitschwingen und unser Urteil prägen? Dennoch ist auch in diesem Fall die relativistische Konklusion *nicht* bewiesen. Das gerade besprochene Problem zeigt nur, dass bei der Beurteilung anderer Kulturen Vorsicht geboten ist. Daraus folgt nicht, dass es keine moralischen Normen gibt, sondern nur, dass es sehr schwierig sein kann, die objektive, kulturunabhängige Gültigkeit moralischer Normen zu beweisen.

So überzeugend das anonyme Argument zunächst wirkt, so sehr man von den zahlreichen Beschreibungen seltsamer Sitten überwältigt wird (die Skythen, die ihre Feinde skalpieren; die Massageten, die ihre Eltern verspeisen ...): Wenn man das Argument genauer betrachtet, ist seine Logik brüchig.

Der Relativismus wird heute oft mit dem Begriff der Toleranz in Verbindung gebracht, da in dieser Perspektive alle Positionen gleichberechtigt erscheinen. Es ist jedoch wichtig, dass man die Bedeutung des ethischen Relativismus wirklich begreift. Eine konsequente relativistische Haltung hat nämlich u. a. die Folge, dass man kriminelle Handlungen wie jene der Nationalsozialisten nur als »in unserer Perspektive unmoralisch« – und nicht schlicht als »unmoralisch« – bezeichnen kann. Der Begriff »Toleranz« wird hier strapaziert, also viel zu großzügig angewandt. Zudem kann der Relativist andere Positionen nicht als »intolerant« bezeichnen, da eine solche Kritik den Anspruch erhebt, selbst objektiv gültig zu sei. Der Relativist, der meint, man *solle andere Kulturen nicht beurteilen,* da sie *alle gleichberechtigt sind,* widerspricht sich selbst, indem er damit versucht, einen objektiven moralischen Standard zu begründen.

Das grundlegende Problem besteht darin, dass der Relativist im strengsten Sinn des Wortes alternative Positionen in keiner Weise *kritisieren* kann, da es in seinen Augen keine objektive Basis gibt, auf der dies getan werden könnte. Alternative Wertesysteme können zwar *verworfen* werden, wenn sie nicht im Einklang mit den eigenen Überzeugungen sind, aber nicht auf der Basis von Argumenten, die den Anspruch erheben können, eine objektive Wahrheit zu erfassen oder ihr zumindest näher zu kommen.

Es ist gerade dieser Punkt, den Sokrates und sein Schüler Platon anstößig fanden. In einer relativistischen Kultur lässt sich keine ernsthafte Debatte führen oder Forschung betreiben. Wenn man die Idee aufgegeben hat, dass es eine objektive Wahrheit gibt, lässt sich im Prinzip alles behaupten. Als Folge davon degeneriert der rationale Diskurs zu einem Kampf der Meinungen, in dem sich schließlich jene Position durchsetzt, die *rhetorisch* besser vorgetragen wird. Ohne die Schranken der Wahrheit und der Moral wird die Sprache zu einem machtvollen Instrument, mit dem die Emotionen und Meinungen der Menschen in jede beliebige Richtung manipuliert werden können. Was einem *nützt*, wird dann wichtiger als das, was *wahr* oder *richtig* ist; aufregende »Wortspielereien« zählen mehr als eine nüchterne, vielleicht auch langweilige logische Überlegung.

So gesehen liefert der Relativismus die ideale Rechtfertigung für jene Kunst, welche die Sophisten den reichen und ambitionierten jungen Männern ihrer Zeit so erfolgreich beibrachten – die Rhetorik.

3. Sokrates: Philosophie als vernunftgeleiteter Dialog

Sokrates wehrte sich in Athen vehement gegen eine sophistische Degeneration der intellektuellen Debatte. Denn die Rhetorik, die Kunst des schönen und wirkungsvollen Redens, wird gefährlich, wenn sie als reine Streit- und Überredungskunst (*Eristik*) verstanden wird.

Da Sokrates (aus Gründen, die später erklärt werden) absichtlich nichts geschrieben hat, ist sein Denken uns vor allem durch die Berichte bekannt, die Zeitgenossen hinterlassen haben. Der wichtigste davon ist sein Schüler Platon, der ihm in einer Reihe von Dialogen die Rolle der Hauptfigur zuweist. Dass man in den platonischen Dialogen einem zum Teil fiktiven, idealisierten Sokrates begegnet, versteht sich von selbst. Problematisch ist nur, dass die Grenzen zwischen Fiktion und Realität sich nicht immer klar ziehen lassen.

Sokrates' Bedeutung besteht nicht in einer bestimmten Doktrin, sondern in der *Art seines Philosophierens*; er verstand es als Dialog, als eine Tätigkeit, die man nur diskursiv und zusammen mit anderen praktizieren kann. Sokrates' charakteristische Fragestellung hat die Form »Was ist X?«, wobei unter »X« in der Regel ein moralischer Wert gemeint ist – wie etwa Gerechtigkeit, Tapferkeit oder Tugend. Diese scheinbar einfache Frage hat eine eigene Struktur und ihre eigenen theoretischen Voraussetzungen, die man am besten versteht, wenn man einige Momente des sokratischen Gesprächs näher betrachtet.

Im Dialog *Menon* – so benannt nach Sokrates' Gesprächspartner, einem Schüler des Sophisten Gorgias – geht es um die Frage nach der Natur der »*Tugend*«. (Das griechische Wort *areté* wird in der Regel mit »Tugend« übersetzt, was aber irreführend sein kann; gemeint ist der für eine Person oder ein Ding »gute« bzw. »ideale« Zustand, sein »Gut-Sein«; man findet als Übersetzung auch die Wörter »Vollkommenheit« oder, was vielleicht besser ist, »Vortrefflichkeit«). Auf Sokrates' Frage, was Tugend sei, gibt Menon die folgende Antwort:

> Das ist doch nicht schwer. Zuerst erkläre ich, wenn du willst, das Gutsein des Mannes. Es ist einfach so, dass das Gutsein des Mannes in der Fähigkeit besteht, politisch tätig zu sein und damit Freunden Gutes, Feinden Schlechtes zu tun und aufzupassen, dass einem selbst nichts Schlechtes passiert. Das Gutsein der Frau ist auch leicht genannt: sie muss den Haushalt gut versorgen, alles im Haus im Stande halten und dem Mann gehorchen. Wieder ein anderes Gutsein ist das des Kindes, des Jungen und auch des Mädchens, und das des älteren Mannes, je nachdem, ob er nun Sklave oder freier Bürger ist. Und so gibt es unzählige andere Arten von Gutsein, so dass man wirklich nicht in Verlegenheit ist, über Gutsein zu reden und zu sagen, was es ist; denn für jedes Tun und für jedes Alter gibt es je nach der Aufgabe für jeden von uns das entsprechende Gutsein und genauso, glaube ich, auch das entsprechende Schlechtsein. (ME, 7–9)

Drei Aspekte dieser Stelle sind besonders interessant. Erstens ist klar, dass Menon *sich überlegen fühlt* und Sokrates' Frage für besonders *einfach und trivial* hält (»Das ist doch nicht schwer ...«, sagt er; und etwas später, am Ende dieser Stelle: »... man [ist] wirklich nicht in Verlegenheit [...], über Gutsein zu reden und zu sagen, was es ist«). Zweitens liefert er, obwohl Sokrates nur *eine* Frage gestellt hat, *viele verschiedene* Antworten, da er zwischen einer »Tugend des Mannes«, einer »Tugend der Frau«, einer »Tugend des Kindes« usw. unterscheidet. Drittens spiegeln diese Antworten die Werte einer *archaischen*, rückständigen Gesellschaft wider: Der ideale Mann ist ein erfolgreicher, aber zugleich brutaler Herrscher, der seinen »Freunden Gutes« tut, seinen »Feinden Schlechtes«. (Ein moderner Mafioso würde gewiss eine ähnliche Antwort geben.)

Mit einer solchen Antwort ist Sokrates nicht zufrieden. Er versucht aber nicht, die verschiedenen Antworten einzeln zu widerlegen. Denn in seinen Augen hat Menon die gestellte Frage nicht richtig verstanden. Um das Gespräch weiterführen zu können, muss er ihn also zwingen, die Form der gestellten Frage zu reflektieren. Dies wird mit Hilfe eines einfachen Beispiels getan:

> Sokrates: Ich scheine ja enormes Glück zu haben, denn obwohl ich nur *ein* Gutsein suchte, finde ich nun einen ganzen Schwarm von Gutsein, der sich bei dir niedergelassen hat. Aber – um beim Bild des Schwarmes zu bleiben – wenn du auf meine Frage, was das Wesen der Biene ist, geantwortet hättest, dass es viele und verschiedene Arten gebe, was würdest du antworten, wenn ich weiter fragte: »Sind sie nun, wie du sagst, viele und verschiedenartig, und unterscheiden sie sich darin, dass sie Bienen sind, oder unterscheiden sie sich darin gar nicht, aber in anderem, wie z. B. in Aussehen oder Größe oder dergleichen?« Sag, was würdest du auf eine solche Frage antworten?
> Menon: Ich würde darauf antworten, dass sich die eine von der anderen natürlich nicht darin unterscheidet, dass sie Biene ist. (ME, 9)

Anders gesagt: Verschiedene Bienen unterscheiden sich in ihren Merkmalen, wie etwa in ihrer Größe oder ihrer Schönheit. Indem sie Bienen sind, müssen sie aber eine *gemeinsame Natur* oder ein *gemeinsames Wesen* teilen. Wäre dies nicht der Fall, gäbe es keinen Grund, wieso man sie alle »Biene« nennen sollte. Menon begreift den Punkt dieses Vergleichs nicht sofort, aber schließlich versteht er, was Sokrates damit sagen will. Wenn verschiedene Menschen als »tugendhaft« bezeichnet werden, dann geschieht dies notwendigerweise auf der Basis einer gemeinsamen Natur, einer Eigenschaft oder einer Gruppe von Eigenschaften, die alle tugendhaften Menschen teilen – seien sie nun Männer, Frauen oder Kinder.

Sokrates' »Was ist X?«-Frage ist also alles andere als »einfach«, sondern setzt das folgende Schema voraus:

	F an sich	
a ist f	b ist f	c ist f

In diesem Fall ist »f« die Eigenschaft »tugendhaft«, »a«, »b« und »c« sind tugendhafte Menschen, »F« ist die gemeinsame Natur oder die »Tugend an sich«. Von dieser allen tugendhaften Menschen gemeinsamen Wesenheit hätte Sokrates gern eine Definition. (An der oben zitierten Stelle wird ein weiteres typisches Merkmal der sokratischen Methode erkennbar: die – in diesem Fall an Sarkasmus grenzende – Ironie. Menon hat die Frage nicht verstanden, und trotzdem meint Sokrates, »recht glücklich gewesen« zu sein; obwohl er nach »einer Tugend« verlangte, bekam er nämlich »einen ganzen Schwarm« davon.)

Nun, da Klarheit besteht über die Natur der gestellten Frage, kann die gemeinsame Forschung weitergeführt werden:

> Sokrates: Da also alle dasselbe Gutsein haben, versuche nun zu sagen und versuche dich zu erinnern, was Gorgias sagt, und du mit ihm, was es ist.
> Menon: Was soll ich anderes sagen als »über Menschen herrschen können«, wenn du schon nach etwas Einheitlichem in allen Fällen suchst.
> Sokrates: Danach suche ich allerdings. Aber besteht denn dann auch das Gutsein des Kindes und des Sklaven darin, den Hausherrn beherrschen zu können, und meinst du wirklich, wenn er ihn so beherrscht, dann sei er noch Sklave?
> Menon: Nein, eigentlich nicht. (ME, 13)

Auch diesmal ist Sokrates mit Menons Antwort unzufrieden, nun aber nicht, weil dieser die Frage nicht verstanden hat, sondern weil seine Antwort falsch ist. Menon behauptet nämlich, dass Tugend die Fähigkeit sei, »über Menschen herrschen zu können«. Es fällt Sokrates leicht, zu zeigen, dass diese Definition nicht allgemein genug sei: Es wäre widersinnig, wenn die Tugend eines Sklaven darin bestünde, ein Herrscher zu sein! Und noch einmal ist Menons Selbstzufriedenheit fehl am Platz: Er meint über ein Wissen zu verfügen, das er nicht hat. Erst im Gespräch mit Sokrates wird ihm dies aber bewusst, da Sokrates ihn nicht in Ruhe lässt, ihm stets weitere Fragen stellt. Auf diesen entscheidenden Moment – die Realisierung des eigenen Nicht-wissens – zielt zunächst die dialogische Tätigkeit des Sokrates, der ständig versucht, seinen Gesprächspartner in Verlegenheit zu bringen.

Dies gelingt ihm schließlich auch mit Menon, der irgendwann später im Dialog ganz erschöpft wirkt:

> Sokrates: Dann antworte wieder von vorne: Was sagst du oder dein Freund Gorgias, was Gutsein ist?
> Menon: Ach, Sokrates, schon bevor ich dich traf, habe ich gehört, dass du selbst nie weiterweißt und so bewirkst, dass auch die anderen nicht weiterwissen. Genauso kommst du mir jetzt vor: Du behext mich, gibst mir Zaubermittel und sagst deine Sprüche, dass ich überhaupt nicht mehr weiterweiß. Wenn ich mir mal einen Scherz erlauben darf: Ich finde, du bist in jeder Hinsicht, äußerlich und auch sonst, wie ein Zitterrochen, dieser platte Meeresfisch. Jedes Mal, wenn sich ihm einer nähert und ihn berührt, betäubt er ihn, und ich finde, du hast so etwas mit mir gemacht. Ich bin nämlich wirklich an Mund und Seele betäubt und weiß nicht, was ich dir antworten soll. Obwohl ich schon unzählige Male vor etlichen Leuten verschiedene Reden über die Tugend gehalten habe, und wie ich fand, ganz gut, kann ich jetzt nicht sagen, was es überhaupt ist. Im Übrigen finde ich, du bist ganz gut beraten, nicht die Stadt zu verlassen oder fortzusegeln; denn wenn du so etwas als Fremder in einer anderen Stadt machtest, würdest du wohl als Hexer verhaftet. (ME, 33)

Menon muss sich hier eingestehen, dass er die Antwort auf die Frage des Sokrates nicht weiß, obwohl er meinte, sie zu kennen. Die Konversation muss aber deswegen nicht beendet werden, ganz im Gegenteil. Erst jetzt wird ein echtes, offenes Gespräch über die gestellte Frage möglich.

Sokrates' charakteristische Vorgehensweise kann in den folgenden Schritten zusammengefasst werden:

1. Sokrates nähert sich einem Gesprächspartner, typischerweise einer Person, die viel von sich selbst hält; ihr gegenüber gibt er sich bescheiden und unwissend.
2. Sokrates stellt eine *Frage nach dem Wesen* eines moralischen Wertes (»Was ist X?«), wie Tapferkeit oder Gerechtigkeit. In der Regel meint Sokrates' Gesprächspartner, die Antwort auf diese Frage zu kennen oder mindestens nach kürzerer Überlegung liefern zu können.

3. Die Antworten des Gesprächspartners werden eine nach der anderen unerbittlich *überprüft und widerlegt* (das griechische Wort für diesen Moment heißt *elenchos*, was sowohl »Prüfung« als auch »Widerlegung« bedeuten kann).
4. Die Spannung steigt, bis der kritische Punkt erreicht wird, an dem der Gesprächspartner sich eingestehen muss, dass er die Antwort auf die von Sokrates gestellte Frage nicht kennt. Das ist der Moment der Verlegenheit oder Ausweglosigkeit *(aporia)*, in dem der Befragte zur Erkenntnis des eigenen Nicht-Wissens gelangt.
5. Auf diese ersten, kritischen oder negativen Phasen (Schritte (1)–(4)) folgt eine konstruktive Phase; im Idealfall sind die Gesprächspartner nun bereit, die ursprüngliche Frage mit offenerem Geist erneut und zusammen mit Sokrates anzugehen.
6. Typischerweise endet das sokratische Gespräch ohne ein konkretes Ergebnis – zwar werden viele falsche Annahmen als solche identifiziert und verworfen; eine endgültige Antwort erweist sich aber als schwer zu erreichen.

Diese Methode verlangt viel von den Beteiligten – sowohl in intellektueller als auch in moralischer Hinsicht. Man muss nicht nur bereit sein, sich mit schwierigen, oft verwickelten Argumentationen und Begriffsanalysen auseinanderzusetzen; man muss auch bescheiden sein und das eigene Unwissen ertragen können. *Überprüft und sozusagen »getestet« wird nicht nur der Verstand, sondern auch die Persönlichkeit des Gesprächspartners.*

Auf der Basis dieser schematischen Darstellung in sechs Schritten sollte auch klar werden, wieso viele Athener Mühe hatten, Sokrates von den Sophisten zu unterscheiden. Wie diese ist Sokrates sprachgewandt, er argumentiert gern und führt sein Gegenüber leicht in Verlegenheit.

Aristophanes porträtierte ihn denn auch in seiner Komödie *Die Wolken* als Sophisten, der sich mit ebenso diffizilen wie abstrusen Fragen befasste:

> Schüler: [...] Gerade fragte Sokrates Chairephon, wie viele von seinen eigenen Füßen weit ein Floh springen könne. Denn einer hatte Chairephon in die Augenbraue gebissen und war auf den Kopf des Sokrates gesprungen.
> Strepsiades: Wie hat er das dann gemessen?

> Schüler: Auf höchst schlaue Weise. Er schmolz Wachs, dann nahm er den Floh, tauchte dessen zwei Füße in Wachs, und dann, als der abgekühlt war, waren persische Stiefel herumgewachsen. Diese löste er ab, und dann maß er die Entfernung.
> Strepsiades: O König Zeus, welche Subtilität des Geistes! (WO, 13)

Einen wichtigen Unterschied gibt es dennoch zwischen Sokrates und den Sophisten. Sokrates' typische Fragestellung setzt die Existenz *objektiver moralischer Werte* voraus: Es wäre sinnlos, nach dem Wesen der Gerechtigkeit oder der Tugend zu fragen, wenn die Antwort lediglich von den Ansichten eines einzelnen Menschen oder einer einzelnen Kultur abhängen würde. Sokrates ist kein Relativist, sondern ein *Universalist*. Und es ist gerade sein Universalismus – die Überzeugung, dass es eine einzige richtige Antwort auf die »Was ist X?«-Frage gibt (auch wenn es schwierig sein kann, sie zu entdecken) –, der seine philosophische Tätigkeit begründet.

Von Bedeutung ist auch der vierte Schritt, jener Moment, in dem man sich das eigene Scheitern eingestehen muss. Wie reagiert man darauf? Hier ist ein Kriterium gegeben, um verschiedene Arten von Menschen klar voneinander zu trennen: Die echten Philosophen geben ihr Nichtwissen zu; sie sehen darin aber einen Ansporn, weiterzuforschen. Andere ärgern sich über Sokrates, schämen sich vor ihm und werden wütend auf ihn. Statt sich der Forschung und der Suche nach der Wahrheit (*der Philosophie!*) zu öffnen, krebsen sie in ihr Leben voller Vorurteile zurück.

Bemerkenswert ist schließlich die Tatsache, dass Sokrates' Untersuchungen in der Regel aporetisch enden, also in eine Sackgasse führen. Alte, für wahr gehaltene Auffassungen (wie etwa Menons archaische Vorstellungen über die Natur der Tugend) werden als unhaltbar verworfen, ohne dass sie durch neue ersetzt werden. Dies macht aus Sokrates tatsächlich eine unangenehme Figur; er nimmt den Menschen alte Sicherheiten weg, ohne selbst Orientierung geben zu können. Aber vielleicht liegt darin eine seiner wichtigsten Botschaften: Keine Autorität kann den Menschen einfach lehren, was moralisch richtig oder falsch ist; die Menschen sind aber durchaus imstande, gemeinsam nach einer Antwort zu suchen.

Das Denken des Sokrates stellt eine *progressive* Kraft dar. Er will kritisieren, um die Menschen von hemmenden Vorurteilen zu befreien. Dies erklärt auch, wieso er nichts geschrieben hat. Der sokratische Dialog – dieses nervige, bohrende Frage-Antwort-Spiel – wird von Sokrates in der Tat immer an den jeweiligen Partner angepasst; er kann also nur in einer direkten, persönlichen Beziehung stattfinden. Nicht alle Athener konnten mit Sokrates' herausfordernder Haltung umgehen. Er war eine »polarisierende« Figur: Während er auf einige eine starke Anziehungskraft ausübte, reagierten andere irritiert. Am Ende der zuletzt zitierten Stelle rät Menon ihm, Athen nicht zu verlassen, da sein ständiges Hinterfragen ihn in einer anderen Stadt das Leben kosten könnte. Das ist eine Anspielung auf Sokrates' wahres Schicksal: Im Jahr 399 v. Chr., als er bereits 70 Jahre alt war, wurde er in Athen vor Gericht gezogen und zum Tode verurteilt.

Die Gründe für Sokrates' Verurteilung sowie seine Verteidigungsrede sind von Platon in der *Apologie* festgehalten worden. Sokrates weist hier die offiziellen Anklagen (Gottlosigkeit und Korruption der Jugend) als völlig unbegründet zurück; er greift im Gegenteil seine Ankläger an, indem er behauptet, dass er mit seinen Fragen die Unwissenheit vieler wichtiger Persönlichkeiten – Politiker, Künstler und Handwerker – entlarvt habe. Dies, und dass seine Tätigkeit viele jüngere Menschen fasziniert habe, sei der Grund für die Feindseligkeit ihm gegenüber. »Infolge dieser Prüfung also, meine Athener, sind mir viele Feindschaften entstanden« – so Sokrates in der *Apologie* – »und zwar solche, die sehr hart und schwer zu ertragen waren« (AS, 25). Auch von den Sophisten grenzt sich Sokrates in dieser Rede explizit ab: Ein äußerlicher Beweis, dass er nicht zu dieser Sorte Intellektueller gehört, ist seine Armut; für seine Tätigkeit hat er kein Geld verlangt (damit werden die Sophisten als leicht käufliche Opportunisten dargestellt).

Obwohl Sokrates die Verurteilung als einen simplen Akt der Rache ansah, verzichtete er auf die ihm gebotene Möglichkeit, aus der Stadt zu fliehen. Die Entscheidung, den Tod zu akzeptieren, begründete er philosophisch mit dem Hinweis darauf, dass niemand wisse, ob der Tod ein Übel sei oder nicht. Dieser Gedanke reicht aber nicht, um seine Gelassenheit angesichts des Todes zu verstehen und seine wahre Größe einzuschätzen. Da er sein ganzes Leben der leidenschaftlichen Forschung gewidmet hatte, wäre eine Flucht nichts weniger als ein Verrat an sich selbst gewesen – und damit schlimmer als der Tod. Mit diesen Worten warnt er schließlich seine Ankläger und Richter:

> [E]s ist weniger schwierig, meine Männer, dem Tod zu entkommen, als der Schlechtigkeit zu entgehen; denn diese läuft schneller als der Tod. (AS, 64)

Und in der Tat: Würden wir uns an Sokrates immer noch erinnern, wenn er weinerlich um Gnade gebeten hätte oder kleinlich geflohen wäre?

Sokrates war nicht der erste Philosoph, der im »demokratischen« Athen verurteilt wurde. Auch der Sophist Protagoras wurde der Gottlosigkeit angeklagt. Die Informationen über Protagoras' Leben sind spärlich und unsicher; er soll aber auf der Flucht bei einem Schiffbruch ums Leben gekommen sein.

IV. Die Macht des Logos
Platons Ideenlehre

1. Einführung: Der Philosoph mit der Maske

Der Tod des Sokrates ist *das* entscheidende Ereignis in Platons Leben. Als Sohn einer wohlhabenden adligen Familie geboren, schien er für eine politische Karriere prädestiniert. Die Enttäuschung über die ungerechten und korrupten politischen Zustände, die schließlich zum Tod seines geliebten Lehrers führten, ließ ihn sich von der aktiven Politik abwenden, auch wenn die Politik in seinen theoretischen Überlegungen eine zentrale Rolle behielt (vgl. dazu Kap. VI.2). Nach einer Reihe langer und nicht ungefährlicher Studienreisen, die ihn unter anderem nach Ägypten und Süditalien führten (wo er festgenommen und als Sklave verkauft wurde!), gründete Platon in Athen eine eigene Schule: die Akademie. Der Name leitet sich vom griechischen Helden Akademos ab, da sich die Schule in der Nähe von dessen Heiligtum befand; sie erwies sich als äußerst langlebig und wurde erst im Jahr 529 n. Chr. von Kaiser Justinian geschlossen.

Bemerkenswert an Platons Philosophie – die sich sowohl mit Sokrates' Erbe als auch mit der ganzen Tradition der vorsokratischen Naturphilosophie auseinandersetzt – sind nicht nur die einzelnen Doktrinen, sondern die Art und Weise ihrer Darstellung. Überzeugt von Sokrates' Idee, dass die Philosophie sich nur in einem dialogischen Verfahren richtig entfalten könne, schrieb Platon keine Abhandlungen, sondern eine Vielzahl von Dialogen, in denen die Gestalt des Sokrates die Hauptrolle spielt (zwei Ausnahmen sind die *Apologie*, die kein Dialog ist, und der Spätdialog *Nomoi*, »Gesetze«, in dem Sokrates nicht vorkommt). Ob die von Sokrates vorgetragenen Theorien und Argumente den Meinungen des echten Sokrates entsprechen oder ob dieser nur als Platons Sprachrohr fungiert, lässt sich, wie schon oben erwähnt (vgl.

dazu Kap. III.3), kaum bestimmen. Da Platon selbst nie explizit als Protagonist seiner Dialoge vorkommt, kann man auch nicht mit Gewissheit sagen, was er über ein bestimmtes Thema gedacht hat.

Die Interpretation wird zudem dadurch erschwert, dass die Dialoge kein einheitliches Bild liefern: Eine Hypothese, die in einem Dialog verworfen wird, kann in einem anderen erneut diskutiert werden. Auch die Figur des Sokrates ist nicht kohärent beschrieben: Einmal ist er ein bescheidener Philosoph, der nichts weiß und mit seinen Fragen einen anderen zum Denken anspornt; ein anderes Mal findet man ihn hingegen inmitten einer Gruppe ehrfürchtiger Schüler, die sich seinen Monolog still und eingeschüchtert anhören.

Die Frage, welche Meinung Platon wirklich vertrat, ist jedoch von sekundärer Bedeutung. Wichtiger sind die Probleme, die er aufwirft; die Hypothesen, die er als Lösung entwickelt; die mehr oder weniger subtilen Argumente, die diese unterstützen. Die Tatsache, dass Platon in seinen Schriften seine philosophische Identität *bewusst* eher versteckt als offenbart – dass er sozusagen immer eine Maske trägt – hat eine wichtige pädagogische Wirkung. Es wird für den Leser unmöglich, die Dialoge zu verstehen, ohne an der geschilderten Konversation teilzunehmen. Wer Platon lesen will, muss sich mit den besprochenen Inhalten aktiv und persönlich auseinandersetzen.

2. Platons Ideenlehre

Platons originellster Beitrag zur Philosophie ist die sogenannte »Ideenlehre«. Unter »Idee« versteht man in der Alltagssprache eine private mentale Vorstellung, wie z. B. das eigene mentale Bild eines Baumes oder eines Pferdes. Manchmal sagen wir »Ich habe eine Idee!« und meinen damit, dass wir einen Einfall oder die Lösung eines Problems gefunden haben. Ganz anders ist Platons Gebrauch des Wortes *eídos*, das etymologisch »Form«, »Gestalt« oder »Aussehen« bedeutet. Was Platon damit meint, wird im Dialog *Phaidon* ersichtlich: Hier wird zunächst der platonische Begriff einer *Idee* mit dem Begriff der letzten Ursache (Grund, Erklärung) aller sinnlich wahrnehmbaren Dinge gleichgesetzt. Was eine *Idee* sei, und wieso man an ihre Existenz glauben muss, wird dann wie folgt erklärt:

> Ich will also versuchen, dir den Begriff der Ursache aufzuzeigen, womit ich mich beschäftigt habe, und [...] fange davon an, dass ich voraussetze, es gebe ein Schönes an und für sich, und ein Gutes und Großes [...]. Mir scheint nämlich, wenn irgendetwas anderes schön ist außer jenem Schönen selbst, dass es wegen gar nichts anderem schön sei, als weil es teilhabe an jenem Schönen, und ebenso sage ich von allem. [...] Und so verstehe ich denn gar nicht mehr und begreife nicht jene anderen gelehrten Gründe; sondern wenn mir jemand sagt, weswegen irgendetwas schön ist, entweder weil es blühende Farbe hat oder Gestalt oder sonst etwas dieser Art, so lasse ich das andere – denn durch alles übrige werde ich nur verwirrt gemacht – und halte mich ganz einfach und kunstlos und vielleicht einfältig bei mir selbst daran, dass nichts anderes es schön macht als eben jenes Schöne, nenne es nun Anwesenheit oder Gemeinschaft, wie nur und woher sie auch komme, denn darüber möchte ich nichts weiter behaupten, sondern nur, dass vermöge des Schönen alle schönen Dinge schön werden. (PH, 162)

Dieser Abschnitt mag schwierig erscheinen, aber Platons Gedankengang lässt sich mit einem trivialen Beispiel erläutern. Angenommen, ein bestimmtes Ding (z. B. eine Vase) sei schön: Wie lässt sich diese Tatsache erklären? Es liegt nahe, diese Frage mit Bezug auf die wahrnehmbaren Eigenschaften der Vase zu beantworten, z. B. ihre Gestalt oder ihre Farben. Aber diese Erklärung ist unbefriedigend, denn sie setzt voraus, dass die Gestalt, die Farben oder ihre Kombination selbst *schön* seien: Die Vase ist schön, sagt man, weil sie schöne Farben hat; aber wieso sind die Farben schön?

Die grundlegende Frage, wieso die Vase schön sei, kann also nicht beantwortet werden, solange man nur Bezug nimmt auf ihre empirischen (sinnlich wahrnehmbaren) Eigenschaften. Das alles scheint nachvollziehbar zu sein. An diesem Punkt nimmt Platons Argumentation jedoch eine überraschende Wende. Wenn der Grund, wieso die Vase schön ist, nicht ihre empirischen Eigenschaften sind, dann *muss er nicht-empirischer Art sein*. Wieso ist die Vase schön? Die Vase ist schön, so Platon, weil sie an der *Schönheit an sich* bzw. an der *Idee der Schönheit* teilhat. Eine solche Idee ist ein realer Gegenstand nicht sinnlicher Art, den wir aber mit unserem Verstand erfassen können. Dieses Erklärungsmuster kann wie folgt dargestellt werden:

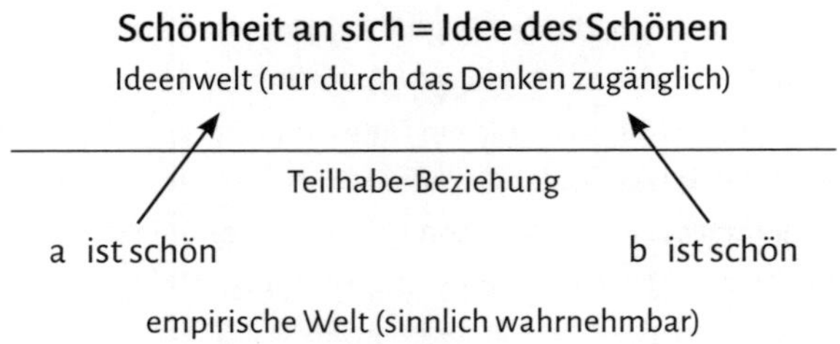

Dieses Schema wird von Platon verallgemeinert. Nur wegen ihrer Teilnahme an einer übersinnlichen Welt der Ideen besitzen die Dinge, die wir in der alltäglichen Welt wahrnehmen, ihre eigene Beschaffenheit. So wie ein Ding schön ist aufgrund der Teilhabe an der Idee der Schönheit, so ist z. B. ein Baum ein Baum, weil er an der *Idee des Baumes* teilhat, oder ein Mensch ein Mensch, weil er an *der Idee des Menschen* partizipiert.

Platons Argumentation kann wie folgt zusammengefasst werden:

1. Alles in der empirischen Welt hat eine Erklärung (grundlegende Annahme Platons).
2. Die Beschaffenheit empirischer Dinge kann mit Bezug auf ihre empirischen Eigenschaften nicht erklärt werden (dies wurde oben mit dem Beispiel der Vase gezeigt).

---

3. Die Beschaffenheit empirischer Dinge kann nur mit Bezug auf eine nicht-empirische Dimension der Wirklichkeit erklärt werden (Platons neue Theorie).

Platons Ideenlehre ist eine Zwei-Welten-Lehre: Es gibt, neben der sinnlichen Welt, eine übernatürliche (»metaphysische«) Ebene. Diese zweite Ebene der Wirklichkeit ist grundlegender als die empirische Ebene, weil letztere nur durch die erste erklärt werden kann. Anders gesagt: Die empirische Welt – die konkrete, alltägliche Erlebniswelt – hat eine übersinnliche, aber intelligible *Welt der Ideen* als ihre unentbehrliche Grundlage. Natürlich kann Platon nicht endgültig beweisen, dass die Prämisse (1), *Alles in der empirischen Welt hat eine Erklärung*, wahr ist. Ein Grund, seine Argumentation zu verwerfen, ist dies allerdings nicht. Die Annahme, dass die Welt im Prinzip erklärbar sei, ist nämlich *die* unausgesprochene Voraussetzung jeder möglichen Forschung.

(Denn wer etwas untersucht, will nicht nur wissen, *wie* die Dinge sind, sondern auch, *wieso* sie so sind, wie sie sind.)

Obwohl die Ideenlehre eine Erfindung Platons ist, liegen ihre Wurzeln in der Philosophie Sokrates'. Es gibt zunächst eine offensichtliche Verbindung zwischen dieser Lehre und Sokrates' typischer Fragestellung. Im Dialog *Menon* hatte Sokrates die Frage nach dem Wesen der Tugend gestellt. Darauf hatte sein Gesprächspartner Menon sehr ungeschickt geantwortet, dass es viele Tugenden gebe, so dass eine einheitliche Definition nicht möglich sei. Sokrates musste ihn dann auf die scheinbare Binsenwahrheit aufmerksam machen, dass, wenn alle Bienen trotz ihrer zahlreichen individuellen Unterschiede Bienen sind, dies gerade deswegen der Fall ist, weil sie eine gemeinsame Natur besitzen. Analog dazu muss es auch eine einzige, gemeinsame Natur der *Tugend* geben. Sokrates stellte regelmäßig seine »Was ist X?«-Fragen, ohne aber jemals zu erklären, was genau in der Antwort definiert werden soll. Platon kann nun diese Lücke schließen: Gegenstand einer Definition im Sinne von Sokrates sind die *Ideen*.

Auch in einer anderen Hinsicht geht Platon einen Schritt weiter als sein Lehrer Sokrates: Genauso wie ein Ding schön ist, weil es an der *Idee der Schönheit* teilhat, muss eine Person gut sein, weil sie an der *Idee des Guten* teilhat, oder ein Krieger tapfer wegen seiner Teilhabe an der *Idee der Tapferkeit*. Sokrates' Untersuchungen der Tugend endeten aber immer ergebnislos, so dass sein Glaube an objektive moralische Maßstäbe nicht bewiesen werden konnte. Die Ideen moralischer Werte sind nun genau jene absoluten moralischen Kriterien, die ein Sophist wie Protagoras in seinem *Homo-Mensura*-Satz für inexistent erklärt hatte (s. oben Kap. III.2).

Die Ideenlehre liefert also die Prämisse für ein Argument gegen den sophistischen Relativismus:

1. Eine objektive moralische Erkenntnis setzt die Existenz von *erkennbaren moralischen Maßstäben* voraus.
2. Es gibt erkennbare moralische Maßstäbe; diese sind Ideen wie jene des Guten oder der Gerechtigkeit.

---

3. Objektive moralische Erkenntnis ist möglich (wenn auch vielleicht schwer zu erreichen).

Nicht nur wie die Welt ist, sondern auch wie wir handeln und leben sollen, kann nach Platon Gegenstand einer sicheren Erkenntnis sein.

3. Erkenntnis und Unsterblichkeit

Die Welt der Ideen ist keine reine Ansammlung von Formen, sondern ein komplexes System, da zum Beispiel die Idee »Vase« (was auch immer ihre genaue Definition ist) notwendigerweise auf Ideen wie jene von »Farbe« und »Material« verweist, sowie auf allgemeinere wie »Ding« und »Eigenschaft«. Die Philosophie soll nicht nur die einzelnen Ideen definieren, sondern auch ihre Stellung im ganzen logischen System bestimmen. Wer die Ideenwelt kennt, kennt die tragende Struktur der empirischen Welt und die »Ursachen« aller Dinge: Ein solcher Philosoph würde dann *einsehen*, wieso alles so ist, wie es ist. Wie ist aber die Erkenntnis der Ideen überhaupt möglich?

Die Antwort wird im Dialog *Menon* geliefert oder – besser vielleicht – gesucht. Der junge Sophist Menon, genervt von Sokrates' hartnäckiger Fragerei, behauptet hier an einer wichtigen Stelle, dass die Beantwortung von Fragen der Form »Was ist X?« unmöglich sei. Wenn man die Antwort auf die Frage noch nicht kennt, versteht man die Bedeutung des Wortes X nicht – man versteht daher die Frage nicht und kann sie natürlich nicht beantworten. Wenn man hingegen versteht, was mit X gemeint ist, dann kennt man die Antwort auf Sokrates' Frage, und die Forschung ist nicht mehr nötig.

Der Einwand hat die logische Form eines Dilemmas:

1. Entweder (a) kennt man die Antwort auf die gestellte »Was ist X?«-Frage oder (b) man kennt sie nicht.
2. Wenn man (a) die Antwort kennt, ist die Suche sinnlos.
3. Wenn man (b) die Antwort nicht kennt, ist die Frage unverständlich und die Suche unmöglich.

---

4. Der Versuch, eine »Was ist X«?-Frage zu beantworten, ist absurd. Man sollte sich mit Sokrates' Fragen gar nicht beschäftigen.

Dieser Einwand betrifft nicht nur die sokratische Methode, sondern auch Platons Versuch, ideale Wesenheiten zu definieren: Das »X«, dessen Definition in der sokratischen Frage gesucht wird, ist nämlich nichts anderes als eine platonische Idee.

Das Problem kann anhand eines einfachen Beispiels noch einmal veranschaulicht werden. Man nehme an, man wolle definieren, was ein Ball sei. Um dies tun zu können, müsste man zunächst verschiedene Arten von Bällen (Basketbälle, Fußbälle, Tennisbälle, Rugby-Bälle usw.) real oder auch nur gedanklich sammeln. Danach müsste man sie vergleichen und ihre gemeinsamen Eigenschaften bestimmen. Die Summe solcher Eigenschaften würde dann die Definition eines Balles ergeben, in dem Sinne, dass nur das, was solche Eigenschaften besitzt, ein Ball ist. Menons Einwand zielt nun auf den ersten Schritt dieses Vorgehens: Denn um alle Bälle zu sammeln, muss man natürlich schon wissen, was ein Ball ist. Wir können also nur Dinge definieren, so Menon, deren Natur uns bereits bekannt ist. Wozu brauchen wir also eine Definition?

Um diesem Einwand zu begegnen, beschreibt Platon den Fall eines Sklaven, der unter der Leitung von Sokrates ein mathematisches Problem löst. Dabei gibt Sokrates keine inhaltlichen Informationen preis; er regt den mathematisch unkundigen Sklaven nur mit geeigneten Fragen und Zeichnungen zum Selbstdenken an. In Platons Deutung soll das Beispiel zeigen, dass der Sklave die mathematische Lösung des Problems schon vor der Befragung kannte; die geschickten Fragen des Sokrates haben ihm nur dabei geholfen, dieses Wissen zu reaktivieren. Es gibt also, dies soll das Gespräch zwischen Sokrates und dem Sklaven zeigen, ein Wissen, das wie »vergessen« in uns schlummert, aber durch eine geeignete Frage-Antwort-Methode (die *Mäeutik*) wieder bewusst gemacht werden kann. Gerade darin sieht Sokrates seine Aufgabe, die er oft auch mit der Tätigkeit einer Hebamme vergleicht: Wie eine Hebamme einer Frau hilft, ihr Kind zu gebären, so will Sokrates seinem Gesprächspartner helfen, die in ihm schon vorhandenen Wahrheiten ans Licht zu bringen.

Die Frage ist nun, wie ein solches implizites bzw. unbewusstes Wissen überhaupt möglich sei. Wenn der Sklave *in diesem Leben* noch keine Mathematik gelernt hatte, wann und wie hat er sein mathematisches Wissen erworben?

Dies, so Platons Vermutung, muss in einem früheren Leben passiert sein:

1. Der Sklave kam selbst auf die Lösung des mathematischen Problems (Sokrates hat ihn zwar zum Denken angeregt, ihm aber keine inhaltlichen Informationen gegeben).
2. Der Sklave hatte bisher keinen Unterricht in Mathematik; er hat also keine mathematischen Kenntnisse in diesem Leben erworben.

---

3. Der Sklave muss in einem früheren Leben mathematische Kenntnisse erworben und sie dann wieder vergessen haben, als seine Seele in seinen Körper trat.

Mit dieser Argumentation verpflichtet sich Platon zu den folgenden vier Thesen:

1. Erstens setzt die Argumentation eine *dualistische* Auffassung des Menschen voraus, nach der dieser aus einer spirituellen, unsterblichen Seele einerseits und einem materiellen sterblichen Körper andererseits besteht.
2. Zweitens begründet Platon damit die Lehre der Wiedergeburt *(metempsychosis)*.
3. Drittens stellt Platon hier ein originelles Verständnis von Erkenntnis als »Wiedererinnerung« (*anamnesis*) vor; losgelöst vom Körper soll die Seele vor der Geburt die Welt der Ideen (die auch alle mathematischen Gebilde enthält) geschaut haben.
4. Viertens behauptet Platon, dass nicht alle Erkenntnisse aus der Erfahrung stammen. Wenn die Seele in einen Körper eintritt, wird das erworbene Wissen nämlich nicht ausgelöscht, sondern nur vergessen. Es gibt also so etwas wie ein *angeborenes Wissen*: Die Seele eines Kindes ist kein »leeres Blatt«, sondern enthält schon bei der Geburt unzählige Wahrheiten.

Wie es für Platon typisch ist, werden diese vier kontroversen Thesen nicht stur behauptet, sondern als Hypothesen präsentiert, die eine vertiefte Untersuchung verdienen. Die anfangs gestellte Frage ist allerdings noch offen: Inwiefern liefert das Gesagte eine Antwort auf Menons Einwand?

Mit Bezug auf die Möglichkeit einer philosophischen Erkenntnis der Ideen sind besonders die letzten zwei Punkte von Bedeutung. In seinem Einwand unterscheidet Menon nur zwei mögliche Zustände, nämlich (a) ein vollkommenes Wissen (die Forschung wäre dann sinnlos) oder (b) ein vollkommenes Nicht-Wissen (die Forschung wäre dann unmöglich). Was er übersieht, ist die *Möglichkeit* eines (c) dritten Zustandes: jenen der Seele, die etwas weiß, es aber (noch) nicht vergegenwärtigen kann. (Der Einwand ist also kein echtes Dilemma, sondern ein sogenanntes *falsches Dilemma: Es gibt eine Alternative, die nicht in Betracht gezogen wird.* Es ist sicherlich kein Zufall, dass Menon im gleichnamigen Dialog als Freund und Schüler des Sophisten Gorgias präsentiert wird; sein Argument wirkt überzeugend, ist aber in logischer Hinsicht mangelhaft. In Platons Darstellung suchen die Sophisten nie die Wahrheit, sondern stets den argumentativen Erfolg – eine oft billige Überredung.)

Um auf das Beispiel der Definition eines Balles zurückzukommen: Es ist natürlich so, dass eine Definition eines Dinges immer auch ein *Vorverständnis* seiner Natur voraussetzt; nur unser Vorwissen darüber, was alles als »Ball« gelten kann, versetzt uns in die Lage, verschiedene Bälle zu sammeln, sie zu vergleichen und mit ein bisschen Glück ihre gemeinsame Natur zu bestimmen. Damit ist Platon aber nicht zufrieden, denn mit einer solchen Erkenntnis stellt sich auch die zusätzliche Frage, wie ein solches Vorwissen entstanden sei. Seine Antwort mag unglaubwürdig klingen (wir haben dies in einem früheren, nicht irdischen Leben gelernt), aber sie ist ein ernsthafter Versuch, ein echtes Problem zu lösen.

4. Das Höhlengleichnis

Im siebten Buch des Dialogs *Politeia* (»Der Staat«), der als Platons Meisterwerk gilt, erzählt Sokrates eine Geschichte, das sogenannte Höhlengleichnis. Man soll sich Menschen vorstellen, die gefesselt in einer unterirdischen Höhle sitzen; sie können sich nicht bewegen und nur in eine Richtung schauen, so dass sie seit ihrer Geburt nur die Höhlenwand sehen. Hinter ihnen verläuft eine Mauer, und hinter dieser brennt ein Feuer. Wie in einem Puppenspiel tragen unbekannte Männer hölzerne Figuren, die echte Gegenstände darstellen. Die Schatten dieser Figuren werden auf die Wand projiziert und von den Gefangenen, die hier wie Akteure in einem grotesken Theater beschrieben werden, für echte Dinge gehalten. Da die Männer hinter der Mauer miteinander sprechen, halten die Höhlenbewohner einige der Schatten auch für belebt.

Ein Gefangener schafft es nun aber, sich von den Fesseln zu befreien. Mit großer Mühe und Anstrengung wendet er seinen Blick, sieht die Mauer und die hölzernen Figuren und beginnt zu verstehen, dass die von ihm bis jetzt für wahr gehaltene Welt eine illusorische ist. Hinter der Mauer entdeckt er einen steilen Weg, der in die Außenwelt führt. Durch diesen gelangt er nach draußen, wo er zunächst wegen des starken Lichts geblendet wird. Langsam gewöhnen sich seine Augen an die neuen Umstände, er sieht die Schatten der Dinge, dann die Dinge selbst, und schließlich richtet er seine Augen nach oben, bis er für einen Augenblick die Quelle des Lichts, die Sonne, anschauen kann.

Auf der Basis der Ideenlehre lassen sich die verschiedenen Elemente des Höhlengleichnisses wie folgt deuten:

Gleichnis	**Deutung**
Äußere Welt	*Welt der Ideen (Verstand)*
Sonne	Idee des Guten
Natürliche Dinge (Bäume, Gestirne)	Sonstige Ideen
Schatten natürlicher Dinge	Mathematische Gegenstände
Höhle	*Empirische Welt (Sinnlichkeit)*
Feuer	Sonne
Künstliche Gegenstände	Natürliche Dinge
Schatten auf der Wand	Schatten natürlicher Dinge

Es ist offensichtlich, was Platon mit seinem Gleichnis sagen will: Die Welt der sinnlichen Wahrnehmung ist nicht die echte Welt. Die Aufgabe des Philosophen besteht darin, sich von den trügerischen Bildern der sinnlichen Wahrnehmung zu befreien und allmählich die rationale Struktur der Ideenwelt zu erblicken.

Nicht alles in dieser Darstellung ist allerdings klar. Die Gegenstände der Mathematik – geometrische Formen wie *Gerade* oder *Dreieck*, aber auch Zahlen wie die *Zwei* und die *Drei* – sind unveränderliche Entitäten, die nur mit dem Intellekt erkannt werden können; sie lassen sich daher leicht als eine spezielle Klasse von nicht-sinnlichen Gegenständen auffassen. Platon war zudem der Meinung, dass nur ein Geist, der sich durch das Studium der Mathematik des abstrakten Denkens bemächtigt hätte, auch fähig gewesen wäre, die höhere (und daher noch abstraktere) Ebene der Ideen zu erforschen: Dies erklärt, wieso er in seinem Gleichnis – eine Darstellung sowohl verschiedener Stufen der Wirklichkeit als auch der Erkenntnis – den mathematischen Gegenständen eine Position zwischen jener der sinnlichen Dinge und jener der eigentlichen Ideen zuweist. Ihre genaue Beziehung zu den Ideen im eigentlichen Sinn (wie etwa zur Idee des *Menschen* oder jener der *Tugend*) wird allerdings durch die Analogie mit den echten Dingen außerhalb der Höhle (die Ideen) und den wegen der Sonne geworfenen Schatten (die Gegenstände der Mathematik) nicht wirklich geklärt.

Die Höchste aller Ideen, symbolisiert durch die Sonne, ist die »Idee der Idee«, d. h. die allen Ideen gemeinsame Natur, die selbst eine Idee sein muss. Diese Idee ist »gut«, weil ohne sie absolut nichts etwas Bestimmtes wäre – weder die Ideen noch die Dinge in der sinnlichen Welt könnten eine eigene Natur besitzen. Erst wer eine solche letzte Idee geschaut hat, sieht die Welt richtig und hat eine vollkommene Erkenntnis davon.

Da Platon eine dualistische Auffassung des Menschen hat, könnte das Leben in der Höhle auch das Leben der Seele im Körper repräsentieren; es sind nämlich die körperlichen, sinnlichen Organe, die in uns jene Empfindungen aufkommen lassen, die wir gewöhnlich für reale Gegenstände halten.

Die Bildung eines Menschen ist dann ein sehr schwieriges Unterfangen und in gewisser Hinsicht auch ein unnatürliches, da man sich der natürlichen Tendenz, das Wahrgenommene für wahr zu halten, widersetzen muss. In der Tat kann der Befreite nur mit großer Mühe aus der Höhle entkommen – und nur durch eine radikale Umkehrung die wahre Welt erfassen (im buchstäblichen Sinn des Wortes durch eine »Konversion«).

Vor allem aber ist das Gleichnis eine (pessimistische) Darstellung der menschlichen Lage. Platon stellt sich nämlich auch vor, wie der Befreite zurück in die Höhle kommt, um die anderen Menschen zu erlösen. Statt sich zu freuen, wehren sich diese aber heftig gegen seine Versuche, sie aus ihren Fesseln zu befreien. Da er nicht mehr an das Leben in der Dunkelheit gewöhnt ist, erscheint er ihnen nun anders und wird für verrückt gehalten. Würde er mit seinen Versuchen weitergehen, so Platon, würde man ihn sogar töten (das ist eine klare Anspielung auf Sokrates' Schicksal, auch wenn Sokrates nie behauptet hat, in der Ideenwelt gewesen zu sein, d. h. etwas Wahres und Endgültiges zu kennen):

> Sokrates: Auch das bedenke noch [...]. Wenn ein solcher nun wieder hinunterstiege [...]: würden ihm die Augen nicht ganz voll Dunkelheit sein, da er so plötzlich von der Sonne herkommt?
> Ein Freund des Sokrates, Glaukon: Ganz gewiss.
> Sokrates: Und wenn er wieder in der Begutachtung jener Schatten wetteifern sollte mit denen, die immer dort gefangen gewesen, während es ihm noch vor den Augen flimmert, ehe er sie wieder dazu einrichtet, und das möchte keine kleine Zeit seines Aufenthaltes dauern, würde man ihn nicht auslachen und von ihm sagen, er sei mit verdorbenen Augen von oben zurückgekommen und es lohne nicht, dass man auch nur versuche hinaufzukommen; sondern man müsse jeden, der sie lösen und hinaufbringen wollte, wenn man seiner nur habhaft werden und ihn umbringen könnte, auch wirklich umbringen?
> Glaukon: So sprächen sie ganz gewiss [...]. (PO, 422–23)

Nicht nur leben die Menschen in Fesseln, sondern sie lieben sie sogar. Wieso dies genau der Fall ist, wird nicht explizit gesagt, sondern von Platon als offene Frage den Leserinnen und Lesern überlassen. Ein späterer Philosoph aus der Zeit der Aufklärung, Immanuel Kant, wird die Ursachen der Unmündigkeit in der menschlichen »Faulheit und Feigheit« sehen; es ist mühsam, die herkömmliche Denkart infrage zu stellen, und unter Umständen kann es auch gefährlich sein. Zudem haben die Mächtigen ein Interesse daran, so Kant, dass die große Mehrheit in der Unmündigkeit bleibt.

Platon scheint dies ebenfalls erkannt zu haben: Wer sind nämlich jene mysteriösen Gestalten, die den gefesselten Zuschauern wie in einem unterirdischen Kino eine fiktive Realität vorgaukeln?

Sie könnten die Sophisten sein, hier bildlich dargestellt als versteckte, hinterlistige Erzeuger einer künstlichen Wahrheit. Gemeint sind aber vielleicht auch jegliche Autoritäten und führende »Meinungsmacher«; heute ließen sich die sogenannten *influencers* und die vielen anonymen Verbreiter von »Fake News« zu diesen geschickten Manipulatoren zählen. Platons dualistisches Weltbild mag etwas unglaubwürdig erscheinen; als Warnung vor intellektueller Naivität und Bequemlichkeit hat das Höhlengleichnis jedoch nichts von seiner Aktualität verloren.

5. Nachgedanken eines (selbst-)kritischen Geistes

Das ganze grandiose Weltbild des Höhlengleichnisses, das Argument gegen den Relativismus, die These der Existenz einer unsterblichen Seele, die Hypothese der Wiedererinnerung und einer angeborenen Erkenntnis, das Vertrauen in die Kraft der menschlichen Vernunft, die Auffassung der Bildung als eine Art Konversion und als die eigentliche Aufgabe eines Menschen – all dies steht und fällt mit der Ideenlehre. Es mag daher überraschend erscheinen, dass Platon selbst in einem seiner späteren und schwierigsten Dialoge, dem *Parmenides*, diese Hypothese noch einmal kritisch überprüft.

Die Hauptpersonen in diesem Dialog sind ein junger Sokrates und ein älterer, aber als stark und edel beschriebener Parmenides. Die Wahl der Protagonisten ist nicht zufällig. Denn die Ideenlehre ist auch ein Versuch, die Theorie des Parmenides (vgl. Kap. II.3) mit der Welt der Erfahrung in Einklang zu bringen. Platons Ideen sind ewig, unveränderbar, unvergänglich, vollkommen – sie besitzen jene Eigenschaften, die nach Parmenides dem »echten Sein« zukommen; die empirischen Dinge der Alltagswelt sind hingegen in stetem Wandel begriffen – sie entstehen und vergehen pausenlos, wie ein heraklitischer Fluss:

Ideenwelt

das ewige, unveränderbare, vollkomme Sein des Parmenides

---

die sinnlich wahrnehmbare Welt

die im stetigen Wandel begriffene, »flüssige« Welt Heraklits

Ob Parmenides – zweifellos die herausragende Gestalt der ersten Phase der antiken Philosophie – mit Platons »Kompromisstheorie« einverstanden wäre?

Am Anfang des Dialogs zwischen Sokrates und Parmenides wird die Ideenlehre kurz zusammengefasst:

> Parmenides: Ich glaube, du nimmst aus folgendem Grund an, dass jede Idee eine ist. Sooft dir viele Dinge groß zu sein scheinen, scheint es für dich vielleicht eine und dieselbe Hinsicht zu geben, wenn du auf alle hinsiehst. Daher nimmst du an, das Große sei eins.
> Sokrates: Damit triffst du die Sache [...]. (PA, 23)

Angenommen, zwei oder mehrere empirische Einzeldinge seien *ähnlich* (in diesem Beispiel besteht die Ähnlichkeit darin, dass diese groß sind; die Wahl der Eigenschaft ist jedoch beliebig): Dies lässt sich nur dadurch erklären, dass sie eine gemeinsame Natur teilen. Dies bedeutet, dass sie an derselben Idee teilhaben.

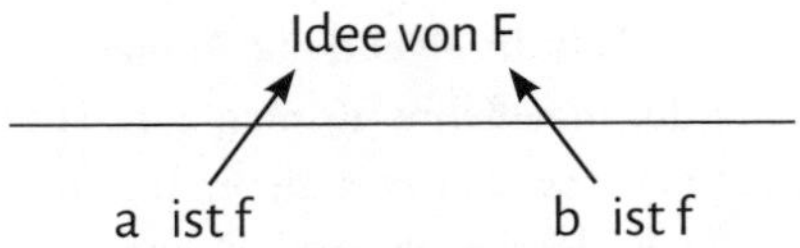

a und b sind *ähnlich*, weil sie an derselben *Idee (F)* »partizipieren« bzw. Anteil haben

Dieses Argument ist nicht neu, sondern nur eine Variante jenes Gedankenganges, den wir schon im *Phaidon* angetroffen haben (und der im zweiten Abschnitt dieses Kapitel besprochen worden ist):

1. A und B sind ähnlich.
2. Dies bedeutet, dass sie dieselben Eigenschaften haben.
3. Ein Ding x hat die Eigenschaft f, wenn x an der Idee von F teilhat.

---

4. A und B müssen an derselben Idee teilhaben.

Nachdem Parmenides sich vergewissert hat, die Ideenlehre richtig verstanden zu haben, formuliert er seinen Einwand:

> Parmenides: Wie steht es aber mit dem Großen selbst und den anderen großen Dingen? Wenn du in der gleichen Weise mit der Seele auf alle hinsiehst, zeigt sich dir dann nicht wiederum ein Großes, wodurch sich dir dieses alles notwendigerweise als groß erweist?
> Sokrates: So scheint es.
> Parmenides: Eine andere Idee der Größe also wird zum Vorschein kommen, zusätzlich zum Großen selbst und zu dem, was daran teilhat; und über diesen allen wiederum eine andere, wodurch dieses alles groß sein wird. Und so wird es für dich nicht mehr jeweils eine Idee geben, sondern eine unendliche Menge. (PA, 23)

Parmenides' Frage bezieht sich auf die Natur der Beziehung zwischen dem Einzelding und der Idee, die *Teilhabe*. Wenn die Erklärung dafür, dass zwei empirische Dinge ähnlich sind, darin besteht, dass sie eine gemeinsame Natur teilen – wie lässt sich die Ähnlichkeit zwischen der Idee und den Einzeldingen erklären?

Dass es dabei eine Ähnlichkeit geben muss, scheint Parmenides klar zu sein. Man nehme noch einmal das Beispiel einer Vase: Diese ist gerade deswegen eine Vase, weil sie an der Idee der Vase teilhat. Wenn aber die Idee der Vase selbst ein realer (wenn auch nicht-empirischer) Gegenstand ist, wie Platon postuliert, muss sie wie ein perfektes Modell für die Vase aufgefasst werden. Kopie und Modell sind aber notwendigerweise ähnlich.

Wenn dies der Fall ist, so lautet nun der Einwand, dann muss eine *zweite Form oder Idee der Vase* postuliert werden, an der sowohl die Vasen als auch die *Form der Vase* Teil haben. Diese zweite Form soll selbst aber auch mit den Vasen und der ersten Idee der Vase ähnlich sein – was dazu führt, dass man die Existenz einer weiteren, *dritten Form oder Idee der Vase* postulieren muss. Dies führt in einen unendlichen Regress. Wenn die Ähnlichkeit zwischen zwei Dingen durch das Vorhandensein einer gemeinsamen Idee erklärt wird, dann muss eine Unendlichkeit von Formen der gleichen Art postuliert werden – was aber absurd erscheint.

Genauer dargestellt, sieht dieser Einwand wie folgt aus:

1. Zwei Gegenstände sind ähnlich, wenn sie an einer gemeinsamen Idee F teilhaben. (Allgemeines Prinzip zur Erklärung der Ähnlichkeit zwischen zwei verschiedenen Dingen.)
2. Eine Idee F ist mit den empirischen Einzeldingen, die an ihr teilhaben, immer ähnlich – da diese Abbilder jener Idee F sind. (Naheliegende These über die Natur der Beziehung zwischen Idee und Einzeldingen.)
3. Wenn ein Einzelding E und die Idee F1 ähnlich sind, dann muss eine zweite Idee F2 existieren, an der sowohl E als auch F1 teilhaben.
4. Eine solche Idee F2 müsste aber (nach Prämisse (2)) selbst mit der Idee F1 ähnlich sein.

---

5. Es muss also eine dritte Idee F3 existieren, an der F1 und F2 teilhaben.

Nach derselben Logik muss man eine unendliche Anzahl von Formen F4, F5 usw. postulieren.

Dieses Argument unterstützt die erste Prämisse einer *reductio ad absurdum*:

1. Wenn (a) es Ideen gibt und (b) diese wie Modelle der empirischen Dinge sind, dann gibt es unendlich viele Exemplare derselben Idee.
2. Die Vorstellung, dass unendlich viele Exemplare derselben Idee existieren, ist absurd. (Die Idee ist nämlich genau jene *Wesenheit*, die in einer Vielfalt *eins* bleibt.)

---

3. Entweder gibt es (a) keine Ideen oder (b) sie sind nicht als Modelle der empirischen Dinge aufzufassen.

Welche Schlussfolgerung Platon aus dieser Selbstkritik ziehen wollte, bleibt im Dialog *Parmenides* unklar. Sehr wahrscheinlich wollte er (a) die These der Existenz der Ideen damit nicht gänzlich verwerfen, sondern (b) nur zeigen, dass er keine überzeugende Auffassung der *Beziehung* zwischen Idee und Einzelding vorzuweisen hat. In systematischer Hinsicht ist dies natürlich ein großes Problem: Die Ideenlehre teilt die Welt in zwei Hälften; dem Begriff der Teilhabe (*methexis*) kommt die wesentliche Aufgabe zu, sie wieder zu verbinden.

Dass Platon selbst die Schwierigkeit seiner Position offenlegte, sollte ihm aber als Verdienst angerechnet werden. Es zeigt unmissverständlich, wie tief er vom Beispiel des Sokrates geprägt war – jenem Philosophen, der sich nicht schämte, sich selbst und den anderen das eigene Nichtwissen einzugestehen.

V. Die Suche nach der letzten Erklärung
Aristoteles' Metaphysik

1. Einführung: Platons begabtester Schüler

So wie Platon von Sokrates gelernt hatte, so gab er sein Wissen an Aristoteles weiter. Aristoteles wurde 384/3 v. Chr. in Stagira geboren, einer kleinen Stadt im makedonischen Teil Griechenlands; mit 17 Jahren kam er nach Athen und begann seine Studien an der Akademie. Hier blieb er etwa 20 Jahre, bis zum Tod seines Lehrers, der seine Begabung früh erkannt und ihn entsprechend gefördert hatte.

Zu dieser Zeit hatte Makedonien begonnen, hegemoniale Ansprüche auf ganz Griechenland zu erheben. In Athen, das seine politische Unabhängigkeit nicht verlieren wollte, heizte sich die Stimmung auf; Aristoteles, der keine athenische Bürgerschaft besaß und dessen Vater Arzt am makedonischen Hof gewesen war, musste die Stadt verlassen. Er zog zuerst nach Assos in Kleinasien und dann auf die Insel Lesbos, wo er mit seinem Schüler und Freund Theophrast intensive biologische Studien betrieb. Später wurde er auch der Lehrer des zukünftigen Eroberers Alexanders des Großen.

Erst nach zwölf Jahren kehrte er nach Athen zurück, wo er seine eigene Schule gründete, das Lykeion. Nach dem Tod Alexanders kamen erneut antimakedonische Tendenzen auf. Aristoteles lief Gefahr, wie einst Sokrates vor Gericht gebracht zu werden; er verließ die Stadt ein zweites Mal und ließ sich in Chalkis auf der Insel Euboia nieder, wo er kurz danach starb.

Aristoteles' Gedankenwelt ist faszinierend, aber nicht leicht zu ergründen. Seine »exoterischen« Schriften, die in einem klaren Stil für ein breites Publikum geschrieben waren, sind fast vollständig verloren; erhalten geblieben sind dagegen die »esoterischen« Schriften mit den Materialien seiner Lehrvorträge. Diese werden traditionell nach dem Schema Logik, Physik,

Metaphysik, Ethik und Politik gegliedert. Vieles in diesen Texten ist widersprüchlich, dunkel formuliert oder unfertig – was durchaus natürlich ist, da sie nur für den Gebrauch in der Schule bestimmt waren.

Die Schwierigkeiten dieser Schriften sind aber auch philosophischer Natur. Denn Aristoteles wollte alles wissen, klassifizieren und bis auf den letzten Grund analysieren. Dazu musste er nicht nur eine Unmenge an Daten und Beobachtungen sammeln, sondern überhaupt erst *die Begriffe und die Sprache schaffen*, mit denen man die Wirklichkeit korrekt beschreiben kann.

2. Was ist Wissen?

Platons Ideenlehre wurde in der Akademie intensiv diskutiert; das selbstkritische Argument des Dialogs *Parmenides* (vgl. Kapitel IV.5) war Aristoteles deshalb bekannt. Anders als Platon gab er ihm aber eine klare Interpretation; das Argument zeigt in seiner Sicht eindeutig, dass es keine transzendenten (übersinnlichen, übernatürlichen) Ideen gibt.

Die grundlegenden Fragen des platonischen Philosophierens – jene nach der Natur des echten *Wissens* und des wahren *Seins* – behalten jedoch auch bei Aristoteles eine zentrale Bedeutung. Eine seiner wichtigsten und einflussreichsten Schriften, die *Metaphysik*, beginnt mit der Feststellung, dass alle Menschen von Natur aus nach Wissen streben. Das mag seltsam erscheinen, da offensichtlich nicht alle Menschen theoretische Interessen haben; dass Aristoteles trotzdem recht haben könnte, wird klar, wenn er erklärt, dass der Begriff »Wissen« verschiedene Abstufungen zulässt.

Auch die rein sinnliche *Wahrnehmung (aisthesis)* kann nämlich als eine Form von Wissen betrachtet werden:

> Alle Menschen streben von Natur nach Wissen; dies beweist die Freude an den Sinneswahrnehmungen, denn diese erfreuen an sich, auch abgesehen von dem Nutzen [...]. (MP, 1)

Unter den sinnlichen Wahrnehmungen hat das Sehen die größte Bedeutung, da es uns die meisten Informationen über die Welt vermittelt. Eine höhere Stufe wird erreicht, wenn ein Lebewesen nicht nur über die sinnliche Wahrnehmung, sondern auch über ein *Gedächtnis (mneme)* verfügt. Während eine

Kreatur ohne Gedächtnis dazu verdammt ist, ausschließlich in der Gegenwart zu leben, kann ein mit der Fähigkeit zur Erinnerung ausgestattetes Wesen die erlebten sinnlichen Eindrücke speichern und ins Bewusstsein zurückrufen. Das ist nach Aristoteles eine entscheidende Voraussetzung dafür, dass man etwas lernen kann. Eine zweite Voraussetzung ist für ihn das Gehör, das jedoch nicht allen Tieren gegeben ist; so sind seiner Meinung nach Bienen zwar fähig, ihre Eindrücke zu sammeln, aber sie stoßen dabei an Grenzen, weil sie »den Schall nicht hören können« (MP, 2).

Nur der Mensch ist imstande, die verschiedenen gespeicherten Eindrücke zu einem sinnvollen Ganzen zu bündeln. Damit ist die Ebene der *Erfahrung (empeiria)* erreicht. Aristoteles illustriert diese Stufe mit dem Beispiel eines Menschen, der sich erinnern kann, dass ein bestimmtes Mittel schon verschiedene Menschen geheilt hat; eine solche Person weiß also aus Erfahrung, wie sie dieses Heilmittel zu verwenden hat.

Auf dieser Stufe weiß man, welche Folgen ein bestimmtes Ding oder Ereignis auslöst. Dies ist offensichtlich eine sehr nützliche Form von Erkenntnis, eine, die sich im Alltagsleben erfolgreich einsetzen lässt. Sie ist aber immer noch unvollständig, da eine bestimmte Korrelation (z. B. zwischen Heilmittel und Heilung) zwar festgestellt, aber nicht erklärt wird. Erfahrungswissen ist *Tatsachenwissen*, kein Wissen um die Gründe: Man weiß, *dass* etwas ist, aber nicht, *wieso* es so ist, wie es ist.

Wenn die Frage nach dem »Warum« gestellt und beantwortet wird, erreicht man eine neue Ebene, jene der *Kunst (techné)* und *Wissenschaft (episteme)*. Hier begnügt man sich nicht mit dem Wissen um eine Wirkung, sondern will ihre Ursachen erforschen (z. B. indem man die Heilwirkung auf die spezifischen Eigenschaften des Heilmittels zurückführt.) Aristoteles schätzt die Lage aber sehr realistisch ein, wenn er bemerkt, dass die Erkenntnis der Ursache für praktische Zwecke nicht immer besser ist als die Erfahrung: Anders als der bloße Empiriker, der die Tatsachen unmittelbar kennt, ist der reine Theoretiker nicht immer imstande, sein Wissen in die Praxis umzusetzen.

Sowohl die Kunst als auch die Wissenschaft sind hochstehende Formen des Wissens, da sie nach Ursachen forschen. Der Unterschied zwischen den beiden besteht in ihren Zielen: Jenes der Wissenschaft ist das Wissen, jenes der Kunst eine spezifische Anwendung. Da die Wissenschaft ihr Ziel sozusagen in sich selbst und nicht in etwas anderem hat, ist sie höher einzuschätzen als die Kunst. Aber auch sie ist noch nicht die letzte Stufe der Erkenntnis, da sie die Ursachen nur innerhalb bestimmter Gebiete erforscht, etwa in der Physik oder in der Biologie. Die höchste Form von Erkenntnis wäre erst dann erreicht, wenn man eine Erkenntnis hätte, die alles umfassen würde – eine Erkenntnis, welche die allgemeinsten Ursachen der Welt als ganzer und damit auch all ihrer Teile erschließen könnte.

Das Erreichen einer solchen Erkenntnis, die Aristoteles »Weisheit« oder »erste Philosophie« nennt, ist sein ambitioniertes Ziel.

3. Was ist eine Ursache?

Aristoteles' Definition von Wissen verweist auf den Begriff »Ursache«: Erst wer die Ursachen eines Dinges kennt, hat es auch wirklich verstanden. Um die Welt als Ganzes erklären zu können, muss also erst dieser Begriff geklärt werden.

Was ist eine Ursache? Der Begriff erweist sich in Aristoteles' Analyse als mehrdeutig. Insgesamt lassen sich vier Hauptfragen über ein beliebiges Ding (z. B. einen Tisch) stellen:

1. *Woraus besteht es?* Diese Frage wird durch die Erkenntnis der *Materie* beantwortet. Im Fall eines Tisches könnte dies z. B. Holz sein.
2. *Was ist es?* Diese Frage (im Grunde immer noch Sokrates' typische »Was ist X?«-Frage) wird durch die Erkenntnis der *Form* beantwortet. Es ist die äußere Gestalt und das Verhältnis der Teile, die einen Gegenstand als Tisch ausmachen.
3. *Wer hat es geschaffen? / Wodurch wurde es hervorgebracht?* Diese Frage lässt sich durch die Erkenntnis der *Wirkursache* beantworten. In unserem Beispiel könnte dies der Schreiner sein.
4. *Wozu ist es geschaffen worden?* Diese Frage lässt sich durch die Erkenntnis der *Zweckursache* beantworten. Im Fall eines Tisches könnte die Antwort lauten: damit man bequem essen kann.

Während die Begriffe »Form« und »Materie« ein Ding statisch beschreiben, erfassen die Begriffe »Wirkursache« und »Zweckursache« seine dynamische Dimension – nicht was es ist, sondern die Gründe seiner Entstehung.

Eine adäquate Erkenntnis eines Gegenstandes setzt voraus, dass man alle vier Ursachen berücksichtigt. Wie am Beispiel des Tisches offensichtlich wird, ist die etablierte Übersetzung »Ursache« (die das griechische Wort *aitia* wiedergibt) irreführend. In unserem Sprachgebrauch würde weder die Materie noch die Form noch das Ziel eines Dinges als seine Ursache gelten; nur die Wirkursache entspricht unserer heutigen Auffassung des Begriffs. Statt von Ursachen würde man daher besser von »Bedingungen« für die Existenz eines Dinges sprechen.

Aristoteles' Konzeption eines Einzeldinges wird »hylemorphisch« genannt (aus *hyle* = Materie und *morphé* = Form), da es als Einheit (*synolon*) von Form und Materie verstanden wird. Obwohl beide »Ursachen« wesentliche Bestandteile eines Dinges sind, hat die Form für Aristoteles einen gewissen Vorrang. Aus der Materie Holz hätte man z. B. statt eines Tisches auch einen Schrank machen können; erst mit Bezug auf die Form lässt sich die spezifische Beschaffenheit eines Dinges eindeutig bestimmen.

Der Unterschied zwischen Materie und Form entspricht auch einem anderen, für Aristoteles charakteristischen Gegensatz, jenem zwischen »Potentialität« und »Aktualität«: Die Materie ist nur »der Möglichkeit nach« etwas Bestimmtes; die Form ist jenes aktive Prinzip, das eine ihrer latenten Potentialitäten (was sie sein kann) zur Verwirklichung bringt.

Aristoteles scheint stolz gewesen zu sein auf diese Klassifikation der Ursachen. Da er als erster Philosoph diese vier Bedingungen klar definiert hat, meinte er nämlich auch der erste Philosoph zu sein, der die Welt wirklich verstehen konnte. In seiner Auffassung waren alle seine Vorgänger einseitig: Platon etwa hatte nur die zweite der oben erwähnten Fragen (»Was ist es?«) berücksichtigt, während ein Vorsokratiker wie Thales, der das Element Wasser als Urgrund aller Dinge setzte, nur die erste (»Woraus besteht es?«) stellte. Sein Urteil über die früheren Philosophen, die er an gewissen Stellen geradezu als Konkurrenten betrachtet, ist vernichtend:

> Doch handelten sie [die vorherigen Philosophen, P. B.] von diesen [den Ursachen, P. B.] nur dunkel, und wenn in gewissem Sinne alle Ursachen schon früh genannt sind, so sind sie es wieder in gewissem Sinne durchaus nicht. Denn die erste Philosophie glich im Anfang und bei ihrer Entstehung in ihren Reden über alles einem lallenden Kinde. (MP, 69)

Die ersten Philosophen waren also wie kleine Kinder, die ihre Gedanken nur undeutlich artikulieren konnten – weil ihnen die passende Sprache und eine adäquate Begrifflichkeit fehlten.

Die vier Ursachen lassen sich im Fall eines *künstlichen* Gegenstandes bzw. eines menschlichen Artefakts leicht bestimmen. Eine Statue könnte eine bestimmte Gestalt (z. B. die einer Frau) und eine bestimmte Materie (z. B. Gold) haben; von einem berühmten Bildhauer (z. B. Phidias) geschaffen worden sein; mit dem Ziel, eine Göttin (z. B. Aphrodite) zu ehren. Nach Aristoteles lässt sich die Theorie der vier Ursachen jedoch auch auf *Organismen* anwenden. So besitzt eine Raupe nicht nur eine charakteristische »Raupen-Form« und eine bestimmte Materie; sie ist von anderen Lebewesen gezeugt worden (ihren »Wirkursachen«) und seit der Geburt sozusagen darauf programmiert, sich in einen Schmetterling zu verwandeln (die »Zweckursache«). Die Raupe entwickelt sich also *auf ein Ziel hin*, das in diesem Fall die Annahme einer neuen Form ist.

Ähnliches gilt für den Menschen, dessen Entwicklung auf die Annahme einer bestimmten Gestalt hinsteuert: jener eines vernünftigen Wesens. Aus dieser Perspektive bekommt die Aussage »Alle Menschen streben von Natur nach Wissen« eine neue, pointiertere Bedeutung; das Streben nach Wissen hat nichts Beliebiges, sondern ist eine biologische Notwendigkeit aller vernünftigen Lebewesen. Die verschiedenen Wissensformen – von der reinen Wahrnehmung bis zur ersten Philosophie – sind Stufen einer zugleich natürlichen und idealen Entwicklung.

Damit erscheint die Frage, wieso ein Mensch nach immer höheren Formen der Erkenntnis streben sollte, genauso absurd wie die Frage, wieso eine Raupe ein Schmetterling werden soll. Die modernen Zweifel am Sinn von abstrakter, nicht auf einen praktischen Nutzen ausgerichteter Erkenntnis hätten bei Aristoteles nur ein erstauntes Kopfschütteln ausgelöst. Er verstand die Suche nach Wissen als ein für den Menschen notwendiges Bedürfnis.

Obwohl Aristoteles dies nicht explizit sagt, erhält man den Eindruck, dass die Entwicklung von den niedrigen zu den höchsten Formen der Erkenntnis auch eine überindividuelle Dimension hat, und damit auch für die Geschichte der Philosophie gilt. In seiner Darstellung – der ersten philosophiehistorischen überhaupt – werden die Theorien der verschiedenen Denker immer raffinierter, in einem Prozess, der schließlich in seine eigene Philosophie münden muss. Die Auseinandersetzung mit seinen Vorgängern ist also nicht nur philosophisch motiviert; es geht nicht nur darum, ihre Theorien kritisch zu würdigen, sondern auch darum, die eigene, überlegene Stellung in der Geschichte der Philosophie herzuleiten.

Aristoteles' »teleologische« (aus *telos* = Ziel) Auffassung natürlicher Dinge ist selbstverständlich problematisch. Während sie für Organismen wie eine Raupe oder eine Pflanze noch eine gewisse Plausibilität hat, scheint sie für anorganische Dinge wie etwa Steine kaum sinnvoll zu sein. Noch schwieriger (wenn auch vielleicht nicht unmöglich) ist es, sich eine Anwendung auf materielle Atome vorzustellen. Seit dem 17. Jh. hat die moderne Wissenschaft die Idee eines »natürlichen Zwecks« als ein anthropomorphes Überbleibsel aus ihrem Weltbild verbannt. Ein Verständnis der Wirkursachen reicht der Naturwissenschaft aus, um physikalische Vorgänge vollkommen zu erklären: Sie will die »Mechanismen« der Natur verstehen, nicht irgendwelche darin versteckten Absichten. (Begriffe wie »Ziele« oder »Motivation« spielen allerdings eine zentrale Rolle, wenn wir das menschliche Handeln erklären wollen, z. B. in der Psychologie.)

4. Was ist echtes Sein?

Die von Aristoteles als höchste Form der Erkenntnis beschriebene erste Philosophie soll nicht nur die Ursachen einzelner Dinge, sondern die Ursachen *aller* Dinge untersuchen. Wie kann eine Wissenschaft aber derart allumfassend sein? Indem sie, so Aristoteles' Antwort, nur jene Eigenschaft betrachtet, die alle Dinge gemeinsam haben; und das ist schlicht und einfach die Tatsache, dass sie *sind*.

Die erste Wissenschaft ist daher eine Wissenschaft vom Seienden – eine Ontologie (aus *ontos* = Sein):

> Es gibt eine Wissenschaft, welche das Seiende als solches untersucht [...]. Diese Wissenschaft ist mit keiner der einzelnen Wissenschaften identisch; denn keine der übrigen Wissenschaften handelt allgemein von dem Seienden als solchem, sondern sie schneiden sich einen Teil des Seienden aus und untersuchen die für diesen sich ergebenden Bestimmungen. (MP, 97)

Aristoteles betont, dass der eigentliche Untersuchungsgegenstand einer solchen Wissenschaft erst durch einen Akt der Abstraktion konstruiert wird. Dies ist jedoch nicht besonders problematisch, da ein solches Vorgehen für alle Wissenschaften typisch ist, auch für jene, die sich auf einen speziellen Bereich beschränken.

Dieser Punkt ist wichtig für ein korrektes Verständnis der aristotelischen Auffassung der Ontologie und wird von ihm entsprechend ausführlich erklärt:

> Wie der Mathematiker das aus Abstraktionen Hervorgegangene untersucht, indem er ähnlich alles Sinnliche, z. B. Schwere und Leichtigkeit, Härte und das Gegenteil, ferner Wärme und Kälte und die anderen Gegensätze der sinnlichen Wahrnehmung weglässt und nur das Quantitative [...] übriglässt [...]: ebenso verhält es sich mit dem Seienden. (MP, 282)

Die Mathematik befasst sich mit realen Dingen, aber nur insofern, als sie eine messbare geometrische Gestalt haben. Ähnliches gilt für die Physik, die sich zwar mit natürlichen Körpern befasst, aber nur, wenn sie beweglich sind. Auch die Medizin betrachtet den Menschen nicht in seiner Ganzheit, sondern nur als Leib, der erkranken kann; ob ein Patient sich für Musik oder Literatur interessiert, ob er gern schicke Kleider trägt usw., ist für einen Arzt nicht entscheidend, obwohl dies wichtige Merkmale einer Person sind. In ähnlicher Weise untersucht die Ontologie alle Dinge, insofern »sie Seiendes sind« (MP, 282).

Die Begriffe und Prinzipien dieser höchsten Form der Erkenntnis gelten aber auch für die spezialisierten Einzelwissenschaften, da alle Wissenschaften sich mit etwas Seiendem beschäftigen. Die Ontologie ist somit eine Fundamentalwissenschaft, was ihre Bezeichnung als »erste« Philosophie erklärt.

Als erstes Prinzip alles Seienden setzt Aristoteles den Satz vom Widerspruch, nach dem ein Ding nicht zugleich und in gleicher Hinsicht eine bestimmte Eigenschaft haben und nicht haben kann. Ein Mensch kann zwar krank und gesund sein, aber nur in verschiedenen Phasen seines Lebens; ebenfalls kann ein Mensch groß und klein sein, aber nur im Vergleich zu unterschiedlichen Dingen.

Die Anerkennung dieses Prinzips ist nicht neu; es bildet das Fundament von Parmenides' Philosophie (vgl. Kap. II.3) und kommt auch in der Philosophie Platons zur Anwendung (vgl. Kap. VI.2). Bemerkenswert ist vor allem die Art und Weise, wie Aristoteles es begründet: Da es das grundlegendste aller Prinzipien ist, kann es von keinem der Prinzipien der Einzelwissenschaften abgeleitet werden. Eine Begründung im Sinne eines letztgültigen Beweises ist deswegen nicht möglich.

Das Prinzip kann aber auch nicht widerlegt werden, denn dafür müsste man reden. Wer redet, geht aber davon aus, dass seine Worte einen *bestimmten Sinn* haben. Auch der Kritiker setzt also die Gültigkeit des Prinzips voraus, denn sicherlich will er, dass seine Worte in einem bestimmten Sinn und nicht gleichzeitig in einem anderen verstanden werden. Der Satz vom Widerspruch ist also nicht nur ein ontologisches Prinzip, sondern auch ein Prinzip der Sprache und der Vernunft: Wer es verletzt, sagt und denkt nichts Bestimmtes; er artikuliert, aber ohne eine verständliche Aussage zu machen oder einen Gedanken auszudrücken. Ein solcher Mensch spricht und denkt eigentlich nicht und verdient deswegen, wie Aristoteles es formuliert, mit einer Pflanze verglichen zu werden.

Damit ist die zentrale Frage der Ontologie allerdings noch nicht beantwortet: Was bedeutet das Wort »Sein«, bzw. was ist »wahres« oder »eigentliches« Sein?

Diese Frage erhält nun eine nuancierte Antwort, die in einer Kette von Argumentationen und Gegenargumentationen sorgfältig entwickelt wird – und hier nur in den wesentlichsten Konzeptionen dargestellt werden soll: Aristoteles bemerkt zuerst, dass das Wort »Sein« in vielen verschiedenen Weisen verwendet wird; die Bedeutungen lassen sich aber alle auf einen gemeinsamen Nenner zurückführen. Der Begriff des Seins muss so ausgelegt werden, dass er in seiner Kernbedeutung *ontologische Selbständigkeit* meint. Das folgende Beispiel kann diese Idee veranschaulichen: Eine Eigenschaft, etwa die Farbe Weiß, kann nur als Eigenschaft eines bestimmten Dinges gedacht werden, z. B. einer Statue. Die Statue ist wie ein »Fundament« oder eine »Grundlage« für die Existenz der Eigenschaft Weiß-sein, die sich an das Ding »ankleben« muss, um überhaupt existieren zu können.

Die Statue wäre somit etwas, das an sich besteht, während ihre Eigenschaften nur in Bezug zu ihr existieren. Gerade deswegen können aber die zwei Seinsweisen – jene der Eigenschaften einerseits, jene der Statue als ihr

Träger andererseits – nicht als gleichwertig betrachtet werden. Nur das, was selbständig existiert, soll in einem starken Sinn des Wortes »Seiendes« genannt werden. Einen solchen »Referenz-« oder »Ankerpunkt« nennt Aristoteles *ousia*, ein schwer zu übersetzendes Wort, das seit dem Mittelalter mit »Substanz« wiedergegeben wird.

Diese Charakterisierung des eigentlichen Seienden als »Substanz« ist immer noch sehr abstrakt; es drängt sich die Frage auf, was eigentlich als Substanz betrachtet werden soll. Angenommen, Selbständigkeit sei ein Merkmal des wahren Seins: Welche Substanzen gibt es?

Ausgehend von der Annahme einer Korrespondenz zwischen Sprache, Denken und Wirklichkeit, entwickelt Aristoteles ein Kriterium sprachlogischer Art: Nur das ist Substanz, was in einer Aussage der Form »S ist P« als Subjekt vorkommen kann, aber nie als Prädikat. Ein bestimmter Mensch wie Sokrates wäre nach diesem Kriterium eine Substanz: In der Aussage »Sokrates ist weise« wird die Eigenschaft *weise* von Sokrates prädiziert; das Individuum *Sokrates* kann hingegen nicht in gleicher Weise einem anderen Ding zugewiesen werden. Wie Aristoteles bemerkt, sind es nicht nur Eigenschaften, die von Einzeldingen prädiziert werden; auch Relationen (»A ist größer als B«) und Quantitäten (»A ist 2 m groß«) setzen Einzeldinge voraus, und Handlungen beziehen sich stets auf Individuen, die sie entweder ausführen (»A läuft schnell«) oder darunter leiden (»B ist überrannt worden«).

Die Anwendung des sprachlogischen Kriteriums führt zu dem Schluss, dass konkrete Einzeldinge Substanzen sind:

> Wesenheiten [*ousia*] heißen die einfachen Körper, z.B. Erde, Feuer, Wasser und was dergleichen mehr ist, und überhaupt die Körper und die aus ihnen bestehenden lebenden Wesen [...]. All dies heißt Wesenheit [*ousia*], weil es nicht von einem Substrat ausgesagt wird, sondern vielmehr das andere von ihm. (MP, 140)

Dies ist nur ein erstes, provisorisches Ergebnis, das eine zusätzliche Vertiefung erfordert. Da Aristoteles alle Einzeldinge als Einheit von Materie und Form auffasst, stellt sich nämlich die weitere Frage, ob die Materie, die Form oder eben nur ihre Einheit Substanzen seien. Auch diesmal ist Aristoteles' Antwort nicht leicht zu verstehen, aber auch weniger trivial, als man erwarten würde.

(1) Die *Materie* kann nach ihm keineswegs im vollen Sinne des Wortes »seiend« genannt werden; ohne eine Form, welche die in ihr angelegten Möglichkeiten zur Verwirklichung bringt, ist die Materie kein bestimmtes Etwas, sondern nur reine Potentialität.

(2) Die *Einheit von Materie und Form*, das konkrete Einzelding, muss hingegen als Substanz betrachtet werden; wie wir gerade gesehen haben, nimmt alles andere, was wir als »seiend« denken, Bezug auf eines oder mehrere Einzeldinge.

(3) Die *Form* stellt Aristoteles vor eine besondere Schwierigkeit. Man könnte nämlich zunächst meinen, dass sie keine Substanz sei; da sie jenes Prinzip ist, das die Potentialität der Materie zur Verwirklichung bringt, scheint sie auf die Existenz der letzteren angewiesen zu sein. Aristoteles' Gedankengang nimmt an dieser Stelle aber eine unerwartete Wendung: Angenommen, dass ein konkretes Einzelding eine Substanz sei – was verleiht ihr ihre eigene Natur? Aus Fleisch und Knochen muss nicht unbedingt ein Mensch entstehen, sowenig wie aus Holz ein Tisch hergestellt werden muss. Was ein konkretes Einzelding ist, hängt letztlich von der angenommenen Form ab; die Form ist der *entscheidende* Faktor, der bestimmt, was ein Ding ist.

So betrachtet hat die Form eine gewisse Priorität gegenüber Einzeldingen, da sie das ist, was deren »So-Sein« erklärt. Zwar ist die Form kein »Referenzpunkt« für andere Seiende, wie die Einzeldinge es sind; aber ohne die Formen hätten solche selbständigen Individuen keine Beschaffenheit. Die Form ist also selbst »wahres Seiendes« – und zwar in einem grundlegenderen Sinn als jenem, in dem ein konkretes Einzelding es ist. Schließlich ist es die Form, *die ein Einzelding zu etwas macht, das als Grundlage für anderes dienen kann.*

Auch der Begriff »Substanz« entzieht sich also, wie die schon vorher analysierten Begriffe »Wissen«, »Ursache« und »Sein«, einer einheitlichen, vereinfachenden Definition. Aristoteles bringt seinen Gedankengang so auf den Punkt:

> Es ergibt sich also, dass man Wesenheit [*ousia*] in zwei Bedeutungen gebraucht, einmal als das letzte Substrat, das nicht weiter von einem anderen ausgesagt wird, dann als dasjenige, welches ein bestimmtes Seiendes und selbständig ist; solcherlei aber ist eines jeden Dinges Gestalt und Form. (MP, 140–141)

5. Was ist die höchste Substanz?

Es mag hilfreich sein, die Ergebnisse von Aristoteles' Argumentation zu rekapitulieren: (1) Es gehört zur Natur des Menschen, als ein ihm wesentliches, unbezwingbares Bedürfnis, nach immer umfassenderen und begründeten Erkenntnissen zu streben; (2) die höchste Form des Wissens untersucht die letzten Ursachen aller Dinge; (3) eine solche Wissenschaft ist nur als Ontologie möglich, als Wissenschaft des Seienden als Seiendem; (4) »seiend« in einem starken Sinn des Wortes sind die Substanzen, die entweder Einzeldinge oder ihre Formen sind; (5) Substanzen im stärkeren Sinn des Wortes sind die Formen, da sie die Beschaffenheit bzw. das Wesen eines Einzeldinges bestimmen.

Der letzte Punkt zeigt, in welche Richtung sich eine systematische ontologische Untersuchung nach Aristoteles entwickeln muss: Wenn die Formen in einem grundlegenden Sinne des Wortes »seiend« sind, dann sind sie auch die primären Gegenstände der Ontologie. Die Formen, von denen bis jetzt die Rede war, sind die Formen konkreter Einzeldinge: Gibt es aber auch Formen jenseits der uns erscheinenden, sinnlich wahrnehmbaren Welt?

Aristoteles' Antwort auf diese Frage setzt eine bestimmte Auffassung des Kosmos voraus. Gemäß seinem Weltbild befindet sich die Erde im Zentrum einer gigantischen, rotierenden Sphäre, auf deren Innenseite die Sterne eingebettet sind; zwischen dem äußeren Fixsternhimmel und der Erde befinden sich weitere Sphären, deren Rotationen die Bewegungen der Planeten erklären sollen. Aristoteles geht nun davon aus, dass der Fixsternhimmel sich ewig bewege. Was aber hält ihn in Bewegung?

Viele Details in Aristoteles' Gedankenweg sind obskur; die entscheidenden Züge lassen sich dennoch nachvollziehen:

1. *Die Ursache der ewigen Bewegung muss eine Zweckursache sein.* Wenn die Ursache der Bewegung des Fixsternhimmels als Wirkursache verstanden würde, müsste man sich fragen: Was setzt die Wirkursache in Bewegung, so dass sie eine Bewegung auslösen kann? Dies würde unweigerlich zu einem unendlichen Regress führen; die erste Ursache aller Dinge kann daher nichts sein, das sich bewegt. Sie kann keine Wirkursache sein, sondern lässt sich nur als Zweckursache auffassen.

2. *Die Ursache der ewigen Bewegung muss eine reine Tätigkeit sein.* Da die Bewegung ewig ist, muss ihre Ursache selbst *stets aktiv* sein, denn sonst könnte sie ihre Wirkung nicht kontinuierlich entfalten. Dies bedeutet nach Aristoteles, dass die erste Ursache *reine Aktivität* sein muss, also keine Potentialität besitzen kann. Nur eine solche Ursache läuft nämlich keine Gefahr, inaktiv zu werden.
3. *Die Ursache der ewigen Bewegung muss reine Form sein.* Potentialität gibt es aber nur dort, wo es auch Materie gibt; da die erste Ursache reine Tätigkeit ohne Potentialität ist, besitzt sie keine Materie. Die erste Ursache muss daher eine reine Form sein – eine, die ganz ohne Materie existiert.
4. *Die erste Ursache muss die höchste Tätigkeit sein.* Worin besteht nun die Aktivität der ersten Ursache, die Aristoteles Gott nennt? Sie ist die höchste aller möglichen Tätigkeiten – nach Aristoteles das *Denken*. Was aber denkt Gott? Selbstverständlich das Höchste, nämlich sich selbst: »Sich selbst also denkt die Vernunft, sofern sie ja das Vorzüglichste ist, und das Denken ist Denken des Denkens« (MP, 325). Gott ist also eine reine Betrachtung seiner selbst, nicht der Welt oder der in ihr existierenden Einzeldinge.
5. *Die erste Ursache muss Gegenstand der Liebe sein.* Die Ursache muss den Fixsternhimmel bewegen, ohne selbst bewegt zu werden. Das einzige, das bewegen kann, ohne selbst in Bewegung zu sein, ist das, was geliebt oder begehrt wird. In Analogie dazu muss die Beziehung zwischen dem Fixsternhimmel und der ersten Ursache verstanden werden, d. h. Gott ist für den Himmel ein Begehrtes oder Geliebtes. Was bedeutet dies aber konkret? Natürlich meint Aristoteles nicht menschliche Liebe oder Begehren; die ewige Bewegung der Himmel ist eher als Nachahmung des göttlichen Lebens aufzufassen. So wie der vollkommene Gott ewig sich selbst denkt, so vollzieht der Fixsternhimmel eine ewige, perfekte Kreisbewegung um die Erde herum. Ähnliches gilt für die Organismen, deren Fortpflanzung ein Versuch ist, ihre Arten zu verewigen.

Der Gott, der den Fixsternhimmel bewegt, ist in dieser Theorie die höchste, aber nicht die einzige metaempirische Form. Da Aristoteles in seinem astronomischen Modell 55 weitere himmlische Kreise zwischen der Erde und dem Fixsternhimmel postuliert, setzt er 55 zusätzliche reine Formen an. Aristoteles' Gott ist also nicht allein, sondern steht an der Spitze einer Hierarchie unbewegter Beweger.

Schon die antike, vorphilosophische Weisheit soll diese letzte Wahrheit über die Natur des Kosmos erkannt haben: »Von den Alten und den Vätern aus uralter Zeit«, schreibt Aristoteles, »ist in mythischer Form den Späteren überliefert, dass die Gestirne Götter sind und das Göttliche die ganze Natur umfasst [...]« (MP, 324). Die Philosophie überwindet den Mythos also nicht, indem sie ihn widerlegt, sondern indem sie ihn begrifflich klärt.

Die christliche Theologie wird sich im Mittelalter stark an Aristoteles' kosmologisches und theologisches Modell anlehnen. Es gibt jedoch wesentliche Unterschiede zwischen dem aristotelischen und dem christlichen Gott. Erstens ist Aristoteles' Theologie eher polytheistisch als monotheistisch. Zweitens hat Aristoteles' Gott die Welt nicht erschaffen; er hält sie lediglich in Bewegung. Drittens denkt dieser Gott nur sich selbst; weder die Welt als Ganzes noch die einzelnen Individuen sind Gegenstände seiner Betrachtung. Viertens liebt er die Menschen nicht; zwar wird er vom Fixsternhimmel geliebt, aber die unter diesem Himmel sich abspielende Weltgeschichte interessiert ihn nicht.

Vor allem aber ist er kein Gott, der Gebote erlässt. Wie man zu leben hat – das ist ein Problem, das der Mensch allein lösen muss. Und auch dazu hatte Aristoteles, wie sein Lehrer Platon, einiges zu sagen.

VI. Die richtige Lebensweise
Platon und Aristoteles

1. Einführung: Sokrates' Erbe

Im Dialog *Menon* beschreibt Platon, wie Sokrates das traditionelle Verständnis von Tugend *(areté)* mit einfachen, aber sehr wirksamen Argumenten widerlegt (vgl. dazu Kap. III.3). Zugleich wissen wir, dass die von Sokrates initiierten dialogischen Untersuchungen ergebnislos enden, d. h. offenbleiben oder in eine Sackgasse führen. Er stellt die herkömmlichen Auffassungen eines guten Lebens unwiderruflich infrage, ohne sie durch neue zu ersetzen. Damit macht er eine Lücke in der moralischen Erkenntnis seiner Mitmenschen sichtbar, was gravierende Folgen hat: Denn wenn ein Mensch sein Leben nicht verschwenden will, muss er wissen, wozu es sich zu leben lohnt.

Die Frage nach der richtigen Lebensweise wird für die Athener in der Zeit um Sokrates' Tod tatsächlich besonders dringlich – nicht nur aus philosophischen Gründen, sondern auch wegen der zahlreichen politischen und sozialen Umwälzungen, die der Krieg mit Sparta ausgelöst hat (Peloponnesischer Krieg, 431–404 v. Chr.). 403 v. Chr. wird die Demokratie erneut errichtet, aber gerade in dieser politischen Phase wird Sokrates angeklagt, für schuldig befunden und zum Tod verurteilt (399 v. Chr.). Mit dem Aufstieg Alexanders des Großen (356–323 v. Chr.) und dem Anfang einer neuen Kulturepoche, dem »Hellenismus« (323–30 v. Chr.), wird der Niedergang Athens und der griechischen Staatsform der *polis* bzw. des Stadtstaates endgültig besiegelt (vgl. dazu Kap. VII.1). In dieser Zeit zunehmender Unsicherheit steigt das Bedürfnis nach praktischer Orientierung.

Auf den folgenden Seiten werden die moralischen Entwürfe der zwei großen Denker des klassischen Zeitalters, Platon und Aristoteles, besprochen. In ihren Schriften beschreiben sie Idealvorstellungen von menschlicher Vollkommenheit, die einer heutigen Leserschaft zugleich bekannt und befremdlich erscheinen dürften. Die Auffassungen eines geglückten Lebens der drei späteren hellenistischen Schulen – Epikureismus, Stoizismus und Skeptizismus – werden in den nächsten zwei Kapiteln behandelt.

2. Platon: Der ideale Mensch und der ideale Staat

Platon erklärt seine Sicht der richtigen Lebensweise im Dialog *Politeia* (»Der Staat«) – jenem Buch also, das auch das Höhlengleichnis enthält (vgl. Kap. IV. 4). Besprochen wird hier die für Sokrates typische Frage nach dem Wesen einer moralischen Idee, in diesem Fall der Gerechtigkeit. Platon geht in diesem Dialog davon aus, dass es einen strukturellen Parallelismus (eine sogenannte »Isomorphie«, aus *isos* = gleich, *morphé* = Form) gibt zwischen einem Menschen und dem Stadtstaat. Dies ist die entsprechende, wichtige Stelle aus Platons *Politeia*:

> Sokrates: Gerechtigkeit, sagen wir doch, findet sich an einem einzelnen Manne, findet sich aber auch an einer ganzen Stadt.
> Glaukon: Freilich [...].
> Sokrates: Und größer ist doch die Stadt als der einzelne Mann?
> Glaukon: Größer [...].
> Sokrates: Vielleicht also ist wohl mehr Gerechtigkeit in dem Größeren und leichter zu erkennen. Wenn ihr also wollt, so untersuchen wir zuerst an den Staaten, was sie wohl ist, und dann wollen wir sie so auch an den einzelnen betrachten, indem wir an der Gestalt des Kleineren die Ähnlichkeit mit dem Größeren aufsuchen. (PO, 259)

Der Stadtstaat ist ein viel größerer Organismus als ein einzelner Mensch und daher leichter zu untersuchen. Es ist deshalb sinnvoll, so argumentiert Platon, zuerst die Frage nach dem »idealen« bzw. »gerechten« Staat zu beantworten. Erst in einem zweiten Schritt soll jene nach der Beschaffenheit eines »idealen« bzw. »gerechten« Menschen (bzw. eines idealen menschlichen Lebens) besprochen werden.

Der ideale Staat

Platons Vorstellung eines idealen Staates beruht auf den Prinzipien der Klassen- und Arbeitsteilung. Der Staat funktioniert am besten, wenn jede Gesellschaftsklasse die eigene Funktion ausübt und sich nicht in die Angelegenheiten der anderen Klassen einmischt. In Platons Modell gibt es drei Stände, jeder mit einer eigenen Aufgabe. Die folgende Tabelle soll diese Idee veranschaulichen:

Stand	**Funktion**	**Tugend**
Regierende/Herrscher	Regierung	Weisheit
Krieger/Wächter	Wehrstand	Tapferkeit
Bauern/Arbeiter	Güterproduktion	Mäßigkeit

In dieser Theorie hat jeder Stand nicht nur eine spezifische Funktion, sondern auch eine eigene Tugend (*areté*, »Vollkommenheit«, erwünschte Eigenschaft): So müssen die Herrscher »vernünftig« sein, die Wächter »mutig« und die Arbeiter »besonnen« bzw. fähig, ihre Triebe zu mäßigen. Der Staat gilt als »gerecht«, wenn jeder Stand sich so verhält, wie es ihm »zusteht«. In einem gerechten Staat sind die Bedürfnisse der Angehörigen der verschiedenen Stände vorzüglich erfüllt; und da jeder Stand nur die eigene Aufgabe erledigt und nicht versucht, die Standesgrenzen aufzuheben, entstehen keine inneren Konflikte und schmerzhaften Spaltungen. Ein solcher Staat ist nach Platon vergleichbar mit einem gesunden Organismus, der in den einzelnen Teilen wie auch als Ganzes gut funktioniert. Er kann daher auch als »glücklich« gepriesen werden.

Einige Aspekte dieser (nur scheinbar einfachen) Auffassung verdienen es, näher betrachtet zu werden.

1. *Die Philosophen-Könige*. In einem autobiographischen Brief (dessen Authentizität allerdings nicht endgültig bewiesen werden konnte) schildert Platon die turbulente politische Geschichte Athens – die Herrschaft der dreißig Tyrannen, die Wiederherstellung der Demokratie, die Verurteilung seines Lehrers Sokrates – und ihre Bedeutung für seine intellektuelle Entwicklung. Am Ende bemerkt er in einem zugleich bitteren und ironischen Ton:

> So sah ich mich gezwungen, nur noch die wahre Philosophie anzuerkennen und festzustellen, dass man allein von ihr ausgehend vollständig erklären könne, worin Gerechtigkeit im Staat und im Privatleben bestehe, und dass wahrhaftig das Menschengeschlecht nicht aus dem Unglück herauskommen würde, bevor ein Schlag wahrer und echter Philosophen an die Staatsverwaltung gelangte, oder dann, bevor die regierenden Kreise in den Städten durch ein göttliches Wunder ernsthaft zu philosophieren begännen. (SB, 7)

Nur echte Philosophen dürfen in Platons politischer Utopie regieren. Die Philosophen-Könige (diejenigen, welche die Höhle verlassen haben und in die Welt der Ideen hinausgestiegen sind!) kennen die grundlegende »reale« (d. h. in seiner Philosophie aber auch: die »ideale«) Struktur der empirischen Welt. Zudem ist ihr Blick umfassender als jener aller anderen Menschen, da sie sowohl die empirische als auch die ideale Welt kennengelernt haben. Vor allem haben sie Kenntnis von der Idee aller Ideen – der Idee des Guten. Sie wissen, wie eine Gesellschaft »gut« gemacht werden kann, weil sie das »Gute an sich« erkannt haben. Die Entscheidungen der Philosophen-Könige sind somit das Ergebnis einer vollkommenen Weisheit. Natürlich herrschen sie nicht in eigenem Interesse, sondern ihr Ziel ist die Glückseligkeit aller.

2. *Die Bildung der Philosophen-Könige.* Die politische Macht der Philosophen-Könige gründet auf ihrem überlegenen Wissen. Die Frage nach der Bildung solcher Könige spielt somit in dieser Utopie eine wesentliche Rolle. Ihre Ausbildung, die nach Platon auch Frauen offenstehen soll, sieht folgende Stufen vor: (i) bis zum 20. Lebensjahr sollten sie eine Elementarerziehung in Musik, Dichtung und Grammatik genießen; (ii) danach, und bis zum 30. Lebensjahr, folgt eine gründliche Ausbildung in Mathematik, Astronomie und Harmonielehre; (iii) erst in den folgenden fünf Jahren, zwischen dem 30. und dem 35. Lebensjahr, dürfen sie sich dem Studium der Philosophie widmen. Diese rein theoretische Ausbildung qualifiziert sie allerdings noch nicht zum Regieren: (iv) Bis zum 50. Lebensjahr müssen die künftigen Herrscher praktische Tätigkeiten im Staat annehmen, bis sie endlich (v) die Regierung übernehmen können. (Ob diese pädagogische Utopie erfolgreich sein kann, ist mehr als fraglich; wache, neugierige und unabhängige Geister würden unter einem derart streng reglementierten Erziehungssystem vermutlich eher leiden als aufblühen).

3. *Die Lebensweise der Wächter.* Besondere Aufmerksamkeit schenkt Platon der Lebensweise der Wächter. Während das arbeitende Volk Familie und Eigentum besitzt, ist dies den Wächtern verwehrt. Diese (darunter sind auch Frauen gemeint) leben gemeinschaftlich: Sie haben keinen Privatbesitz, unter ihnen herrscht eine liberale Partner- und Kindergemeinschaft (Kinder kennen ihre Väter nicht und umgekehrt).
   Während das Volk das Privateigentum als Ansporn braucht, sollen die Wächter durch ihre »kommunistische« Lebensweise dazu gebracht werden, ihre Privatinteressen mit den Interessen des ganzen Staates zu identifizieren. Da sie kein Eigentum besitzen, sind sie auch imstande, ihre Gier im Zaum zu halten. Das ist besonders wichtig, wenn man vermeiden will, dass die Krieger eine Gefahr für die Arbeiter werden: »Das Ärgste und Schmählichste von allem ist es wohl für Hirten, solche Hunde und auf solche Weise als Gehilfen bei der Herde aufzuziehen, dass aus Unbändigkeit oder Hunger oder sonst schlechter Gewöhnung die Hunde selbst sich unterfangen, den Schafen Übles zuzufügen, und statt Hunden Wölfen ähnlich werden.« Für die Ernährung der Wehrmänner und der Philosophen ist selbstverständlich das arbeitende Volk zuständig.
4. *Die Idee der Chancengleichheit.* Platons ideale Gesellschaft ist hierarchisch geordnet, aber auch stark meritokratisch. Kinder von Eltern aus den unteren Schichten können in die oberen Schichten aufgenommen werden, falls sie dies verdienen. Umgekehrt können Kinder aus den oberen Schichten in die unteren Schichten versetzt werden. Ein »Geburtsrecht« auf eine bestimmte soziale Position gibt es in Platons idealem Staat nicht: Das Einzige, was über den sozialen Aufstieg oder Abstieg bestimmt, sind die Fähigkeiten und die Talente eines Menschen. Damit sind nach Platon alle gut bedient: die einzelnen Individuen, weil sie eine Tätigkeit ausüben, die sie beherrschen können und die ihrer Natur entspricht; die einzelnen Stände, die nun aus gleichgesinnten und ebenbürtigen Menschen bestehen; und schließlich der ganze Staat, der so nicht nur bestens funktioniert, sondern auch aus zufriedenen Bürgerinnen und Bürgern besteht.
5. *Die prinzipielle (Un)Gleichheit von Mann und Frau.* Die Möglichkeit eines Aufstiegs gilt auch für Frauen, die in Platons idealem Staat prinzipiell zu jeder Funktion befähigt sind und zu »Herrscherinnen« (PO, 449) gemacht werden können. Es wäre dennoch übertrieben, Platon als »Feministen« zu bezeichnen, denn von einer absoluten Gleichheit zwischen Mann und

Frau kann man bei ihm noch nicht sprechen. Etwas unerwartet lässt er nämlich an einer Stelle die nach heutigem Verständnis sexistische Bemerkung fallen, dass Frauen zwar alles machen können, was Männer tun, aber stets weniger gut. »[Es] gibt gar kein Geschäft von allen, durch die der Staat besteht, welches dem Weib oder dem Manne als Mann angehörte, sondern die natürlichen Anlagen sind auf ähnliche Weise in beiden verteilt, und an allen Geschäften kann das Weib teilnehmen ihrer Natur nach, wie der Mann an allen; in allen aber ist das Weib schwächer als der Mann.« (PO, 357) Wieso dies *generell* der Fall sein soll – und besonders auch bei Tätigkeiten, die keiner physischen Anstrengung bedürfen, wie etwa dem Philosophieren und der Regierung des Staates –, ist nicht ersichtlich.

6. *Die Auswahl der Philosophen-Könige.* Die Philosophen-Könige werden wie auch die Krieger aus den Reihen der Wächter rekrutiert. Dies hat den unmittelbaren praktischen Vorteil, dass die Wehrmänner sich den Regierenden besonders eng verbunden fühlen, da diese ursprünglich aus derselben Klasse stammen.
   Ausgewählt für die Rolle eines Herrschers werden nicht nur die wissenschaftlich Begabten, sondern auch jene Jugendlichen, die stets für das Allgemeinwohl handeln. Diese haben verstanden, dass Allgemein- und Privatinteresse verflochten sind; sie wissen, dass man nur in einem gerechten und gut funktionierenden Staat auch als Individuum gedeihen kann. Diese Überzeugung haben sie derart verinnerlicht, dass sie den Staat unter keinen Umständen verraten werden. Die für die Rolle des Herrschers infrage kommenden Menschen sind somit nicht nur besonders intelligent, sondern auch charakterstark: Sie sind widerstandsfähig und absolut unbestechlich.
   Ihre Auswahl ist selbstverständlich schwierig; die Erzieher müssen herausfinden, wer die erforderlichen Eigenschaften besitzt: »Das muss also beobachtet werden, indem man ihnen gleich von Kindheit an Geschäfte aufgibt, bei denen einer dieses [was für den Staat am besten ist, P. B.] am leichtesten vergessen und darum betrogen werden könnte; und wer es nun dennoch festhält und schwer zu betrügen ist, der werde aufgenommen, wer aber nicht, der ausgeschlossen.« Man muss also die Kinder absichtlich in Versuchung führen, um feststellen zu können, wer die richtige Gesinnung und die nötige Charakterstärke besitzt.

Die Entscheidung ist wichtig, entsprechend schwierig soll die Prüfung sein und entsprechend rigoros die Konsequenz:

> Und wer immer unter den Knaben, Jünglingen und Männern so geprüft worden wäre und untadelig hervorgegangen, der wäre zum Herrscher und Hüter der Stadt zu bestellen [...]; wer aber sich nicht als einen solchen zeigt, der wäre zu verwerfen. (PO, 312)

Die Probleme dieser Konzeption liegen auf der Hand: Denn offensichtlich kann nur ein Philosophen-König die Rolle des Erziehers und Auswählers übernehmen. Die Ausbildung der künftigen Philosophen-Könige setzt also bereits die Existenz reifer Herrscher voraus. Wo sind aber diese vollkommenen Philosophen-Pädagogen-Politiker zu finden, in der realen Welt außerhalb von Platons Utopie?

7. *Der ideale Staat und seine Verfallsformen.* Aus der obigen Tabelle, die den idealen Staat darstellt, lässt sich nach Platon eine Rangliste aller möglichen Staatsformen ableiten:
   - Der ideale Staat ist eine »Aristokratie«, eine von Philosophen-Königen regierte Gesellschaft.
   - Die zweitbeste politische Form ist die »Timokratie« (*timé* = Ehre), der von Wehrmännern regierte Staat.
   - Schlecht sind Regierungsformen, in denen das Volk herrscht – d. h., hierarchisch aufgelistet, die »Oligarchie« (ein kleiner Teil des Volkes regiert) oder die »Demokratie« (der Großteil des Volkes regiert).
   - Am schlimmsten ist die »Tyrannei«, in der ein brutaler Herrscher die ganze Gesellschaft unterdrückt.
8. *Dichter, Künstler und Sophisten.* Ganze Gruppen von Menschen finden in diesem idealen Staat keinen Platz mehr. Da die Philosophen-Könige im Besitz der absoluten, endgültigen Wahrheit sind, sind kritische Geister – seien sie Denker, Dichter oder sonstige Künstler – weder nötig noch willkommen. Solche Menschen würden die soziale Ordnung stören und müssten daher aus dem idealen Staat verbannt werden. Wenn sie bleiben möchten, müssten Künstler sich eine strenge staatliche Zensur gefallen lassen und ihre Fertigkeiten ganz in den Dienst des Staates stellen. Eine Gestalt wie jene des Sokrates – der unwissende und daher alles kritisch hinterfragende Philosoph – würde in Platons idealem Staat gewiss keinen

Platz finden; er wäre überflüssig geworden, da die Philosophen-Könige die Antworten auf seine »Was ist X?«-Fragen kennen. Auch die Sophisten müssten verschwinden, da die Philosophen-Könige sich nur einer strikten Logik bedienen würden; die sophistische Kunst der Rhetorik könnte allerdings noch eine nützliche Funktion in diesem Staat haben – nämlich wenn es darum ginge, die Mitglieder der Arbeiterklasse, die naturgemäß für vernünftige Argumente nicht besonders empfänglich sind, von der Richtigkeit der Gesetze oder sonstiger beschlossener Maßnahmen zu überzeugen.

Da Platon sich der literarischen Form des Dialogs bedient (was ihm erlaubt, die eigene Meinung hinter jener seiner Figuren zu verstecken), ist es schwierig zu sagen, inwiefern er die gerade beschriebene Staatsform tatsächlich für die bestmögliche hielt oder ob er an ihre Realisierbarkeit glaubte. Seine Ausführungen könnten aufgefasst werden als konkrete Verfassungsreform (gelegentlich mit totalitären Zügen), aber auch als ein riesiges, großartiges Gedankenexperiment, dessen Konklusion allerdings offenbleibt. Philosophisch ist all dies aber nicht entscheidend. Utopien (»Nirgendorte«, aus *ou* = nicht, *topos* = Ort) sind immer auch Versuche, die existierende Realität infrage zu stellen. So betrachtet hat Platons Dialog *Politeia* nichts von seiner Aktualität eingebüßt – denn wie zufrieden sind wir mit unserer Gesellschaft und den heutigen »Königen«?

Der ideale Mensch

Wie lassen sich nun diese Überlegungen zum idealen Staat auf einen einzelnen Menschen übertragen? Worin besteht die strukturelle Identität zwischen einem Menschen und der *polis*? Um diese Frage zu beantworten, bespricht Platon eine Reihe von Situationen, in denen ein Mensch nicht mit sich selbst im Einklang ist. Dabei orientiert er sich methodisch am Satz vom Widerspruch, nach dem ein Ding X nicht zugleich und in derselben Hinsicht eine Eigenschaft E und ihre Negation Nicht-E besitzen kann.

Ein Mann, der seine Hände bewegt, aber stillsteht, so Platon, kann nicht gleichzeitig als »in Bewegung« und als »nicht in Bewegung« beschrieben werden. Um den Eindruck von Widersprüchlichkeit in der Beschreibung zu vermeiden, ist es nötig, eine Unterscheidung zu treffen zwischen jenen Teilen des Mannes, die in Bewegung sind (die Hände), und jenen Teilen, die es nicht sind (die Füße). Aus diesen Überlegungen lässt sich ein einfaches Prinzip ableiten: Wo immer ein Ding mit sich selbst im Widerspruch zu sein scheint, haben wir es nicht mit einem einfachen Ding zu tun, sondern mit einem komplexen.

Die Analyse des »Komplexes« Seele erfolgt in zwei Schritten.

1. *Zwei Teile der Seele: Vernunft und Triebe.* Mit Hilfe des gerade hergeleiteten Prinzips wird zuerst der Fall eines Mannes besprochen, der einerseits die Flasche begehrt, andererseits jedoch auch versteht, dass diese ihm schaden kann. Von einem solchen Mann, der z. B. ein Alkoholiker sein könnte, ließe sich behaupten, dass er trinken »will«, aber auch »nicht will«. Um den Widerspruch zu vermeiden, muss nun zwischen zwei Teilen der Seele unterschieden werden – einem »vernünftigen« Teil, der zur Mäßigung rät, und einem »unvernünftigen« bzw. »begehrenden« Teil, der blind nach Befriedigung strebt.
2. *Ein dritter Seelenteil: das Eifrige.* Diese Unterteilung der Seele in zwei Komponenten – den Sitz der vernünftigen Überlegung und jenen der blinden Impulse und Triebe – wird durch die Betrachtung eines weiteren Falles ergänzt. Im Dialog *Politeia* erzählt Sokrates von einem gewissen Leontios, der von der Lust überwältigt wurde, die Leichname anzusehen, die am Rand der Stadt beim Scharfrichter angehäuft lagen; als er dort ankam, ärgerte er sich aber über sich selbst und sein schamloses Verhalten:

> Aber [...] ich habe einmal etwas gehört und glaube dem: Wie nämlich Leontios [...] einmal [...] an der nördlichen Mauer draußen heraufkam und merkte, dass beim Scharfrichter Leichname lägen, er Lust bekam, sie zu sehen, zugleich aber auch Abscheu fühlte und sich wegwendete und so eine Zeitlang kämpfte und sich verhüllte, dann aber von der Begierde überwunden und mit weitgeöffneten Augen zu den Leichnamen hinlief und sagte: Da habt ihr es nun, ihr Unseligen, sättigt euch an dem schönen Anblick! (PO, 341)

Die Verdoppelung in der Person von Leontios wird von Platon sehr geschickt zum Vorschein gebracht, indem er die Reaktion des Mannes vor den Leichnamen beschreibt. In einem wütenden Anfall beschimpft er seine gierigen Augen, denen nun ein eigenständiges Leben zugewiesen wird (»Da habt ihr es nun, ihr Unseligen, sättigt euch an dem schönen Anblick!«).

Der hier entstandene Konflikt wird von Platon nicht als Konflikt zwischen Vernunft und Trieben diagnostiziert, sondern als Konflikt zwischen zwei nicht-vernünftigen Seelenteilen. Einerseits gibt es die bereits besprochenen Triebe: Sie sind der Grund dafür, dass Leontios die Leichen anschauen geht. Andererseits entdeckt Platon einen weiteren Teil der Seele, von ihm »Eifer« genannt, der ein solches Verhalten als derart anstößig empfindet, dass er mit heftigen, emotionsgeladenen Worten dagegen rebelliert. Dieser erregbare Seelenteil kann nicht die »kalte« Vernunft sein, da dieser nur die Aufgabe eines objektiven, sachlichen, distanzierten »Betrachters« zukommt. (Für diesen etwas schwer definierbaren dritten Teil der Seele sind in der Literatur auch die Bezeichnungen »Mut« und »Wille« üblich.)

Es fällt sofort auf, wie leicht sich diese drei Seelenteile (Vernunft, Eifer und Triebe) in die obige Tabelle zur Struktur des idealen Staates einordnen lassen:

Stand	**Funktion**	**Tugend**	**Seelenteil**
Regierende/Herrscher	Regierung	Weisheit	Vernunft
Krieger/Wächter	Wehrstand	Tapferkeit	Eifer/Wille
Bauern/Arbeiter	Güterproduktion	Mäßigkeit	Triebe

So aufgefasst ist die Seele tatsächlich wie ein kleiner Staat, in dem jeder Teil eine eigene Funktion hat. Umgekehrt ist der Staat wie ein überdimensionierter Mensch, der selbstverständlich lieber von seiner Vernunft (den Philosophen-Königen) als von seinen Trieben (dem arbeitenden Volk) oder von einem blinden Willen (den Wehrmännern) geführt wird.

Die Beziehung zwischen Vernunft und Wille wird von Platon anhand eines Beispiels näher untersucht: Wenn man bestraft wird, aber die Richtigkeit der Strafe einsieht, ist man auch imstande, diese zu akzeptieren. Ist die Strafe hingegen unverständlich, wächst im Bestraften die Wut. Diese einfache, aber recht subtile Beobachtung zeigt nach Platon, dass es eine Art natürlicher Allianz gibt zwischen der Vernunft und dem mittleren Teil der Seele. Diese psychologische Nähe entspricht der engen Verbundenheit, die im idealen Staat zwischen den Philosophen-Königen und den Wehrmännern besteht.

Hier wird das arbeitende Volk (das »Triebhafte« in der Gesellschaft) von den für die innere Ordnung zuständigen Wächtern (dem »Eifrigen«) unter Kontrolle gehalten; diese müssen ihrerseits die Entscheidungen der Philosophen-Könige (des »Vernünftigen«) ohne Widerrede befolgen.

Dass die für den Stadtstaat erarbeiteten Kategorien auch auf die Seele angewendet werden können, wird von Platon ausdrücklich bestätigt:

> Sokrates: Dieses also [...] haben wir mit Mühe durchgemacht; und es steht uns nun zur Genüge fest, dass dieselben Verschiedenheiten wie in der Stadt auch in eines jeden Einzelnen Seele sich zeigen, und gleich an Zahl.
> Glaukon: So ist es.
> Sokrates: Nun ist also wohl auch jenes schon notwendig, dass, wie die Stadt weise war und wodurch, so auch und eben dadurch der Einzelne weise ist.
> Glaukon: Notwendig.
> Sokrates: Und wodurch der Einzelne tapfer und wie, dadurch auch die Stadt tapfer sei und ebenso, und dass auch in allem übrigen, was die Tugend betrifft, beide sich auf gleiche Weise verhalten.
> Glaukon: Notwendig.
> Sokrates: Auch gerecht also, o Glaukon, denke ich, werden wir sagen müssen, sei ein Mann auf dieselbe Weise, wie auch die Stadt gerecht war.
> Glaukon: Auch das ist ganz notwendig.
> Sokrates: Aber wir haben doch wohl das nicht vergessen, dass jene dadurch gerecht war, dass jede von den drei Gattungen in ihr das Ihrige tat?
> Glaukon: Wir scheinen es [...] wohl nicht vergessen zu haben.
> Sokrates: Also müssen wir bedenken, dass auch ein jeder von uns, in welchem sie jede das Ihrige tun, gerecht sein wird und das Seinige verrichtend.
> Glaukon: Allerdings [...] müssen wir das bedenken. (PO, 343–44)

Eine solche Auffassung der menschlichen Seele führt nicht zu einer körperfeindlichen Haltung bzw. zum Asketismus: Genauso wie das Volk arbeiten muss, damit der Staat gedeihen kann, so müssen die physischen Impulse sich manifestieren können. Die Triebbefriedigung muss aber stets unter der Leitung der Vernunft und der Kontrolle des Willens stattfinden. »Beherrsche dich selbst!« – so könnte die praktische Botschaft von Platons Theorie auf den Punkt gebracht werden.

3. Aristoteles: Glückseligkeit und Selbstverwirklichung

Die Frage nach dem idealen Leben steht auch im Zentrum von Aristoteles' *Nikomachischer Ethik* (»Ethik für Nikomachos«: das Buch könnte sowohl Aristoteles' Vater als auch Aristoteles' Sohn gewidmet sein, denn beide trugen den Namen Nikomachos).

Diese Abhandlung gehört zu den sogenannten »esoterischen« Schriften, die als Basis für die Diskussion innerhalb der aristotelischen Schule verwendet wurden (vgl. Kap. V.1). Wegen ihres ausgesprochen systematischen Charakters gilt sie als Gründungsdokument der Ethik als autonome philosophische Disziplin. In den heutigen Wissenschaften der Psychologie oder der Soziologie wird die Art und Weise untersucht, wie die Menschen tatsächlich handeln. In der Ethik interessiert man sich auch dafür, wie man handeln bzw. leben *soll*. Die Ethik ist somit nicht nur eine *deskriptive* (beschreibende) Disziplin, sondern auch eine *präskriptive* (normative).

Dies setzt voraus, dass nicht alle Lebensweisen als gleichwertig angesehen werden; das Ziel der Ethik ist es, herauszufinden, wie ein Mensch ein »richtiges« bzw. »gutes« Leben führen kann. Es gibt also für die Gestaltung des eigenen Lebens objektive Standards, die man erfüllen oder nicht erfüllen kann (vom sophistischen Relativismus hält Aristoteles so wenig wie Sokrates und Platon vor ihm).

Um diese Standards zu definieren, betrachtet Aristoteles den Menschen aus zwei Perspektiven: einerseits als Individuum, andererseits als Mitglied einer Gesellschaft.

Der Mensch als vernünftiges Wesen

Der ehemalige Schüler von Platon stellt in der *Nikomachischen Ethik* zunächst fest, dass alle Menschen natürlicherweise die Glückseligkeit (*eudaimonia*, aus *eu* = gut und *daimon* = Geist) anstreben. Was die Glückseligkeit selbst sei, darüber gehen die Meinungen der Menschen allerdings auseinander.

Aristoteles betont, dass äußere Umstände wie finanzielle Sicherheit, Freundschaft, Gesundheit, eine gute Erziehung und sogar ein schönes oder zumindest nicht hässliches Aussehen notwendige (aber nicht hinreichende!) Bedingungen für ein glückliches Leben seien. Der Begriff der politischen Korrektheit ist den antiken Griechen unbekannt; Aristoteles fällt es entsprechend leicht, die folgenden »offensichtlichen« Tatsachen aufzulisten:

> Dennoch bedarf das Glück [...] offenbar [...] auch der äußeren Güter. Denn es ist unmöglich oder nicht leicht, werthafte Handlungen ohne Hilfsmittel zu tun. Bei vielen Handlungen benutzen wir Freunde, Reichtum und politische Macht als eine Art von Werkzeugen. Ferner gibt es Dinge, deren Fehlen die Glückseligkeit trübt, wie gute Herkunft, wohlgeratene Kinder, Schönheit; denn wer sehr hässlich aussieht oder von niedriger Herkunft oder einsam oder kinderlos ist, den kann man wohl nicht glücklich nennen, und noch weniger vielleicht den, der gänzlich schlechte Kinder oder Freunde hat oder gute, die gestorben sind. (NE, 61)

Das Wesen der Glückseligkeit – was sie eigentlich ist – ist damit aber noch nicht erklärt. Aristoteles' definitorisches Vorgehen lässt sich in vier Schritten zusammenfassen. Zunächst liefert er eine allgemeine Definition von »Vollkommenheit« (Schritte 1–2); danach wird die konkrete Bedeutung dieser Definition für das menschliche Leben erläutert (Schritte 3–4). Zusammen bilden diese vier Schritte das sogenannte »*Ergon*-Argument«:

1. *Funktion und Natur eines Dinges.* Ein Ding oder ein Wesen heißt »vollkommen« in seiner Art, wenn es die eigene Funktion *(ergon)* richtig ausübt. Diese Idee wird mit dem anschaulichen Beispiel eines Kitharaspielers erklärt: Ein Musiker, der nicht spielt, ist der Möglichkeit nach ein Musiker – »wirklich« ein Musiker ist er noch nicht. Nur wenn er spielt, ist er ein Musiker; und je besser er spielt, desto besser »aktualisiert« er seine Musiker-Natur.
2. *»Wirklich-sein« heißt »tätig-sein«.* Diese Überlegung ist schon deswegen interessant, weil sie zeigt, dass für Aristoteles die Vollkommenheit eines Dinges in seiner »Aktualisierung« oder »Verwirklichung« liegt – der ideale Zustand eines jeden Dings ist daher kein passiver Zustand, sondern eine Tätigkeit bzw. ein »Tätig-Sein« *(energeia)*. Wie Aristoteles es pointiert formuliert: Keiner kann glücklich sein, der sein Leben lang schläft (NE, 49).
3. *Die Funktion eines Menschen.* Was bedeuten diese immer noch eher abstrakten Überlegungen für das menschliche Glück? Zu bestimmen ist nun die für den Menschen eigentliche Funktion. Dies kann nach Aristoteles durch einen Vergleich mit anderen Lebewesen getan werden. Da alle Lebe-

wesen (Pflanzen, Tiere, Menschen) sich ernähren müssen, ist die grundlegende Funktion von »Ernährung und Wachstum« nicht menschenspezifisch. Anders als Pflanzen, so Aristoteles, verfügen auch Tiere über sinnliche Wahrnehmungen; dies reicht also ebenfalls nicht aus, um die spezifisch menschliche Fähigkeit zu definieren. Als eindeutiges, nur den Menschen zukommendes Merkmal bleibt somit allein das vernünftige Denken.

4. *Die Verwirklichung der menschlichen Natur.* Da der Mensch ein »vernünftiges« Wesen ist, ist auch klar, worin seine »Verwirklichung« besteht. Nur wer sich den Wissenschaften und der Philosophie widmet, kann »vollkommen« und »glücklich« genannt werden – denn nur in der Tätigkeit des Denkens erfüllt der Mensch seine Bestimmung und erreicht sein Ziel *(telos)*.

Eine konzise Darstellung dieses Arguments sieht wie folgt aus:

1. Der Mensch ist ein vernünftiges Wesen.
2. Ein jedes Wesen ist glücklich (bzw. vollkommen), wenn es seine Natur verwirklicht.

---

3. Der Mensch ist also erst dann glücklich (bzw. vollkommen), wenn er denkt.

In den Augen von Aristoteles verwirklicht ein Mensch, der sein Leben gänzlich der Kontemplation bzw. dem »theoretischen« Leben (*theoria* = Schau) widmet, das Höchste in sich; aufgrund der Tatsache, dass er sich dabei verwirklicht, ist ein solches Leben für einen Menschen nicht nur »das Beste«, sondern auch »das Lustvollste«. In Aristoteles' eigenen Worten:

> Was einem Lebewesen von Natur eigentümlich ist, das ist jeweils für es das Beste und Lustvollste. Für den Menschen ist dies also das Leben in der Betätigung der […] Vernunft […]. Dieses Leben ist daher auch das glücklichste. (NE, 331)

Wie Aristoteles in einem Anflug von Enthusiasmus schreibt, hebt sich der Mensch damit nicht nur von einer rein animalischen Lebensweise ab, sondern überwindet sogar seine irdische Sterblichkeit:

> Doch darf man nicht denen folgen, die raten, man sollte als Mensch an menschliche Dinge denken und als Sterblicher an sterbliche. Vielmehr müssen wir uns, soweit wir es vermögen, unsterblich machen und alles tun, um in Übereinstimmung mit dem Höchsten in uns zu leben. Denn auch wenn dieses klein im Umfang ist, überragt es doch alles umso mehr an Vermögen und Wert. (NE, 330)

Am Ende des vorherigen Kapitels wurde erläutert, dass der aristotelische Gott sich weder um die Menschen kümmert noch Gebote erlässt. Hier wird nun allerdings klar, dass es dennoch eine Verbindung zwischen Aristoteles' Metaphysik und seiner Ethik gibt. Denn Gott – das Denken, das sich selbst denkt – ist auch für den Menschen das Modell einer höchsten, anzustrebenden Seinsweise.

Die Ernsthaftigkeit dieser Konzeption muss richtig eingeschätzt werden. Aristoteles meint nicht, eine persönliche Meinung geäußert zu haben; aus seiner Sicht hat er das Ideal eines verwirklichten menschlichen Lebens »objektiv« beschrieben und sogar begründet, d. h. mit einem unwiderlegbaren Argument »bewiesen«.

Dies bedeutet, und darin liegt die kompromisslose Härte dieser Konzeption, dass eine Person, die einem solchen Standard nicht genügt, nicht ganz Mensch geworden ist – sie trägt die Anlage zum Mensch-Sein in sich, ohne sie wirklich realisiert zu haben (genauso wie ein Musiker, der sein Instrument nie richtig gemeistert hat, nur ein schlechter oder unvollkommener Musiker ist). Anders formuliert: *Ein Mensch kann leben und vielleicht auch zufrieden sein, aber das Ziel des Lebens trotzdem verfehlen.*

Der Mensch als soziales Wesen

Aristoteles ist allerdings stets bewusst, dass die theoretische Schau kein Dauerzustand sein kann; kein Mensch würde es schaffen, sein ganzes Leben wie ein autarker, selbstgenügsamer Gott isoliert in der reinen Kontemplation zu verbringen. Zur Vollkommenheit eines menschlichen Lebens gehört unvermeidlich auch eine praktische Dimension. Der Mensch ist nicht nur ein vernünftiges, sondern auch ein soziales Tier *(zoon politikon)*, das für sein physisches und psychisches Wohlergehen anderer Menschen bedarf.

Um ein glückliches Leben in der Gesellschaft führen zu können, sind andere Tugenden erforderlich als in der kontemplativen Lebensweise. Deswegen unterscheidet Aristoteles zwischen zwei verschiedenen Tugendarten:

1. *Die Vollkommenheit des Verstandes.* Die dianoetischen Tugenden sind »Verstandestugenden«, d. h. die Eigenschaften eines perfekten Verstandes (*dianoia* = Denken, Denkkraft), wie etwa der Besitz einer schnellen und sicheren Auffassungsgabe *(synthesis)* oder das Wissen *(episteme)*.
2. *Die Vollkommenheit des Charakters.* Die ethischen Tugenden sind hingegen wünschenswerte Eigenschaften des Charakters (*ethos* = Charakter, aber auch Gewohnheit). Sie sind dadurch charakterisiert, dass sie stets ein Mittleres *(mesotes)* zwischen zwei Extremen darstellen. So ist die Tapferkeit die Mitte zwischen den negativen Extremen der Tollkühnheit einerseits, der Feigheit andererseits.

Die von Aristoteles zusammengestellte Liste der *ethischen* Tugenden *(aretai)* sieht folgendermaßen aus:[3]

Tugend	**Übermaß**	**Mangel**
Tapferkeit	Tollkühnheit	Feigheit
Mäßigkeit	Unmäßigkeit	Empfindungslosigkeit
Freigebigkeit	Verschwendung	Geiz
Großzügigkeit	Protzerei	Kleinlichkeit
Stolz	Eitelkeit	Kleinmütigkeit
(Ohne Namen)	Ehrgeiz	Ehrgeizlosigkeit
Sanftmut	Jähzorn	Unerzürnbarkeit
Wahrhaftigkeit	Angeberei	geheuchelte Bescheidenheit
Umgänglichkeit	Possenreißerei	Ungehobeltheit
Freundlichkeit	Beliebtheitssucht	mürrisches Wesen
Schamhaftigkeit	Schüchternheit	Schamlosigkeit
Berechtigte Entrüstung	Missgunst	Schadenfreude

3 Diese Tabelle basiert auf jener von Ursula Wolf in ihren Anmerkungen zur *Nikomachischen Ethik* (NE, 357–358).

Wie diese Liste klarmacht, geht es bei den ethischen Tugenden immer um den richtigen Umgang mit einer Leidenschaft: Bei der Tapferkeit ist diese z. B. die Angst, bei der Sanftmut der Zorn, bei der Großzügigkeit der Geiz.

Das richtige »Mittelmaß« der ethischen Tugenden lässt sich nur kontextuell einschätzen: Ein sanftmütiger Mensch kann unter Umständen seiner Wut freien Lauf lassen, denn diese Reaktion kann in der gegebenen Situation völlig angemessen sein. Für einen Krieger bedeutet Tapferkeit etwas anderes als für einen normalen Bürger, in friedlichen Zeiten etwas anderes als im Kampf. Auch die Bedeutung von »Großzügigkeit« ist unterschiedlich zu definieren in Bezug auf einen armen oder einen reichen Mann.

Niemand besitzt die ethischen Tugenden schon bei der Geburt, gegeben ist zunächst nur die Fähigkeit zu ihrer Erwerbung; Einübung und Gewohnheit sind dann nötig, um sie zu gewinnen. Konkreter ausformuliert: Man wird tapfer, indem man sich tapfer verhält, großzügig, indem man großzügige Handlungen vollzieht. Gute Vorbilder spielen dabei eine wesentliche Rolle, was wiederum bedeutet, dass das Schicksal eines Individuums schon in der frühen Kindheit bestimmt ist (wenn nicht sogar besiegelt, da eine spätere Umerziehung schwer durchführbar ist).

So wie Aristoteles es auffasst, ist das gesellschaftliche Leben ein sehr komplexer Bereich, der dem Handelnden recht viel abverlangt. Genauso wie Odysseus sein Schiff sorgfältig zwischen den Gefahren von Scylla und Charybdis navigieren muss, muss der Mensch lernen, sich von den zahlreichen, immer drohenden Gefahren des Zuviel und Zuwenig fernzuhalten. Um zu überprüfen, ob man sich vom richtigen Weg entfernt hat, gibt es ein Indiz: Man beginnt sich vom Mittelweg zu entfernen, so Aristoteles, wenn man bei der Ausübung einer gewissen Tätigkeit zunehmend Lust oder Unlust verspürt.

> Man muss sehen, zu welchen Dingen wir uns leicht bewegen lassen, neigen doch verschiedene Menschen von Natur aus zu Verschiedenem. Das lässt sich erkennen an der Lust und Unlust, die sich in uns regt. Dann müssen wir uns selbst in die entgegengesetzte Richtung wegziehen. Indem wir uns nämlich von der Verfehlung weit entfernen, werden wir zum Mittleren kommen, gerade so, wie diejenigen es machen, die gekrümmtes Holz gerade richten. Bei allem müssen wir uns am meisten vor dem Angenehmen und der Lust in Acht nehmen; denn wir beurteilen sie nicht unbestechlich. (NE, 92–93)

Die richtige Mitte zu treffen, ist nicht leicht, es erfordert einen harten Kampf mit sich selbst; man muss sich nämlich vor dem hüten, was einem am meisten gefällt! Selbstbeobachtung und Selbstkontrolle, innere seelische Ordnung unter der Leitung einer klaren Vernunft und der sichere Eingriff eines starken Willens sind auch bei Aristoteles, wie schon bei Platon, notwendige Bedingungen für ein gelungenes Leben.

An einem Punkt distanziert sich Aristoteles aber klar von seinem ehemaligen Lehrer. Obwohl ein guter Charakter und die Fähigkeit zur Selbstbeherrschung wichtig sind, genügen sie nicht für ein gutes praktisches Leben. Erforderlich ist auch die dianoetische Tugend der Klugheit *(phronesis)*, jene praktische Weisheit, die einem erlaubt, eine Situation richtig einzuschätzen. Die Wahl der richtigen Handlung setzt nach Aristoteles einen heiklen, nicht automatisierbaren Entscheidungsprozess voraus. Die praktische Weisheit versetzt uns in die Lage, den jeweiligen Handlungsbereich in seiner Komplexität aufzufassen und angemessen darauf zu reagieren.

Der Begriff der Klugheit ist eine Absage an die platonische Vorstellung, dass das gute Handeln eine Folge der Erkenntnis der Idee des Guten ist. Auch wenn eine solche Erkenntnis möglich wäre, bliebe sie abstrakt, rein intellektuell; denn die erkannten Prinzipien oder Regeln der Moral müssten auf die realen Umstände *angewandt* werden. Was die Philosophen-Könige zusätzlich bräuchten, wäre also die Fähigkeit, solche Prinzipien korrekt umzusetzen – und dafür kann es natürlich keine Regel geben!

Wie lässt sich eine solche Fähigkeit (in der Zeit der Aufklärung wird der Philosoph Immanuel Kant von »Urteilskraft« sprechen) also erwerben? Hier muss der Philosoph bescheiden sein und sich an den Methoden erfolgreicher Künste und Wissenschaften orientieren. Aristoteles erkennt zwar an, dass Platons Ansatz »eine gewisse Plausibilität« hat. Kein Arzt versucht aber zu ergründen, bemerkt er unmittelbar danach kritisch, was die »Gesundheit an sich« ist. Der Arzt versteht, was Gesundheit für die Menschen bedeutet und wie sie zu erreichen ist, indem er seine Patienten zu heilen versucht und aus diesen Erfahrungen lernt. Dasselbe gilt für zahlreiche andere Berufe:

> Es ist [...] schwer zu sehen, was ein Weber oder Tischler für sein Herstellungswissen gewinnen soll, wenn er dieses Gute-selbst [die Idee des Guten, P. B.] kennt, oder wie derjenige ein besserer Arzt oder Stratege sein soll, der die Form-selbst geschaut hat. Offenkundig untersucht der Arzt auch die Ge-

> sundheit nicht auf diese Weise; vielmehr untersucht er die Gesundheit des Menschen oder vielleicht, noch spezieller, die Gesundheit dieses bestimmten Menschen, da er Individuen heilt. (NE, 53)

Es ist also sinnlos, die »Idee des Guten« ein für alle Mal definieren zu wollen; eine reine Begriffsanalyse kann den Menschen niemals lehren, richtige Entscheidungen zu treffen. Nur die direkte Auseinandersetzung mit konkreten Individuen und Situationen kann uns nach Aristoteles zum guten Handeln befähigen. Dies bedeutet zugleich auch: Nicht die Philosophen-Königen sollten im Staat regieren, sondern jene vorzüglichen Individuen, die über eine ausgereifte Urteilsfähigkeit und einen ausgewogenen Charakter verfügen.

5. Aristoteles über Frauen, Kinder und Sklaven

Wie elitär Aristoteles' Auffassung ist, wird spätestens dann klar, wenn man seine Ausführungen über die verschiedenen Arten von Menschen betrachtet, die in der griechischen *polis* leben und zu ihrer Erhaltung beitragen. Drei Lebensformen *(bioi)* werden in der *Nikomachischen Ethik* zusammenfassend unterschieden: (1) das kontemplative Leben, (2) das aktive Leben in der Gesellschaft und (3) das Leben für die Lust. Nur die ersten zwei Lebensweisen sind menschlich; die dritte ist zwar angenehm (und wird daher, wie Aristoteles feststellt, von den meisten gewählt), ist aber eigentlich nur »das Leben des Viehs«. Eine vierte (4) Glückskonzeption gäbe es noch, bemerkt Aristoteles; diese wird aber von ihm mit nur wenigen Worten verworfen: »Das Leben des Gelderwerbs hat etwas Erzwungenes, und der Reichtum ist sicher nicht das gesuchte Gut«. (NE, 49)

Die von Aristoteles ausgewählten Lebensideale des (1) theoretischen und, als zweite Option, (2) des praktischen Lebens (im Mittelalter wird man zwischen *vita contemplativa* und *vita activa* unterscheiden) stehen allerdings nicht jedem zur Verfügung. Kinder und Jugendliche können nicht »glücklich« genannt werden, da sie noch nicht im vollen Besitz der Vernunft sind.

> Es ist also nahe liegend, dass wir weder ein Rind noch ein Pferd noch ein anderes Tier glücklich nennen; denn keines von ihnen ist in der Lage, sich an einer solchen Tätigkeit zu beteiligen. Aus diesem Grund sind auch Kinder nicht

> glücklich [...]. Wenn wir ein Kind dennoch glücklich preisen, tun wir das wegen der Hoffnung auf sein Glück [...]. (NE, 63)

Wie aus einer anderen esoterischen Schrift des Aristoteles, der *Politik*, sichtbar wird, gilt dasselbe auch für die Frauen, die nach Aristoteles den Männern unterlegen sind und daher für diese arbeiten müssen (der Mann muss im Gegenzug für sie sorgen):

> Desgleichen ist das Verhältnis des Männlichen zum Weiblichen von Natur so, dass das eine besser, das andere geringer ist, und das eine regiert und das andere regiert wird. (PT, 53)

Auch den Sklaven sind solche höheren Lebensweisen verwehrt – Aristoteles behauptet sogar, dass das Sklave-Sein ein Naturzustand ist: Die Tatsache, dass gewisse Menschen körperlich stark sind, beweist, dass sie für die mühsamen Arbeiten und nicht für das Denken und das gesellschaftliche Leben bestimmt sind. Diesen befremdlichen Gedanken formuliert er in der *Politik* so:

> Die Natur hat die Tendenz, auch die Körper der Freien und der Sklaven verschieden zu gestalten, die einen kräftig und für die Beschaffung des Notwendigen geeignet, die anderen aufgerichtet und ungeeignet für derartige Verrichtungen. (PT, 54)

Was dies bedeutet, ist für Aristoteles offensichtlich:

> Es ist also klar, dass es von Natur Freie und Sklaven gibt und dass das Dienen für diese zuträglich und gerecht ist. (PT, 54)

Dass »das Dienen« für bestimmte Menschen (Sklaven und Frauen) »gerecht ist«, lässt sich nach Aristoteles aus der Tatsache ableiten, dass jede Form von gemeinsamem Leben in der Natur hierarchisch strukturiert ist:

> Allgemein: wo immer Eines aus Mehrerem zusammengesetzt ist und ein Gemeinsames entsteht, [...], da zeigt sich ein Herrschendes und ein Beherrschtes, und zwar findet sich dies bei den beseelten Lebewesen auf Grund ihrer gesamten Natur. (PL, 52)

Hier ist Aristoteles – ein Denker, der die ganze westliche Kultur bis heute maßgebend geprägt hat – freilich kaum mehr als das aristokratische, verwöhnte und daher auch unbarmherzige Kind seiner Zeit: Ungerechte, historisch bedingte soziale Verhältnisse werden als Naturgegebenheiten umgedeutet, eine zutiefst diskriminierende *soziale* Ordnung mit einer *natürlichen* Ordnung verwechselt.

Nicht nur Aristoteles' Thesen sind angreifbar, sondern auch die Art und Weise, wie er sie begründet. Folgendes lässt sich nämlich gegen seine Argumentation einwenden: Wenn eine bestimmte soziale Ordnung naturgegeben wäre, wäre sie deswegen auch »gerecht« bzw. *moralisch*? Wieso soll die (angebliche) Tatsache, dass manche Menschen eher für die physische Arbeit als für das Denken geeignet sind, das Sklaventum *legitimieren*? Und wieso soll die (angebliche) Tatsache, dass die Frau dem Mann physisch und intellektuell unterlegen ist, ein Beweis dafür sein, dass es *richtig* ist, dass die Frau dem Mann dient? Dass Aristoteles bei der Beantwortung dieser Fragen einen trivialen logischen Fehlschluss begeht, den sogenannten »naturalistischen« Fehlschluss, lässt sich leicht zeigen. Seine Argumentation in der *Politik* kann wie folgt dargestellt werden:

1. Überall in der Natur herrscht »das Bessere« über »das Geringere«. (Erste Prämisse)
2. Der Mann (bzw. der freie Mann) ist von Natur aus »besser« als die Frau (bzw. der Sklave). (Zweite Prämisse)

---

3. Es ist also gerecht, dass der Mann (bzw. der freie Mann) über die Frau (bzw. den Sklaven) herrscht. (Konklusion)

Die Konklusion (3) sagt, wie die Dinge sein *sollen*; die Prämissen (1) und (2), wie sie (in den Augen des Aristoteles) *sind*. Selbst *wenn* beide Prämissen (1) und (2) wahr wären, würden sie die Konklusion (3) nicht unterstützen. Diese enthält eine Bewertung (»Es ist gerecht, dass …«), die in den Prämissen (1) und (2) nicht vorkommt; deswegen kann die Konklusion (3) nicht aus (1) und (2) abgeleitet werden.

Aus dieser Kritik lässt sich allerdings nicht schließen, dass man Aristoteles' Philosophie ignorieren oder, schlimmer noch, seinen Urheber leichtfertig verurteilen sollte. Seine Ansichten über Frauen und Sklaven sind falsch; sie zeigen aber auch, wie schwer es ist, sich von den Vorurteilen der eigenen Zeit zu befreien, vor allem wenn man von ihnen profitiert. Das ist heute eher ein Grund für Vorsicht als für Empörung: Wenn es einem so klugen Menschen nicht gelungen ist, Abstand von den gängigen Überzeugungen zu nehmen, wie leicht wird es für uns sein?

VII. Philosophie in Zeiten des Wandels
Epikureismus und Stoizismus

1. Einführung

Das Wort »Hellenismus« bezeichnet die Zeit zwischen dem Tod Alexanders des Großen (323 v. Chr.) und der Eroberung Ägyptens durch Octavian (30 v. Chr.) – ein Ereignis, mit dem Roms Aufstieg zur Weltmacht begann.

Alexanders Vater, Philipp II. von Makedonien (382–336 v. Chr.), hatte die griechischen Stadtstaaten in einem panhellenischen Bund unter seiner Führung versammelt. Sein Sohn Alexander begnügte sich nicht damit und drang mit seinen Heeren bis nach Indien vor. Als er im Alter von nur 33 Jahren in Babylon starb, konnte sich das von ihm eroberte Riesenreich nicht erhalten. Es wurde zunächst zwischen seinen Generälen und Gefährten aufgeteilt. Nach einer Zeit militärischer Auseinandersetzungen zerfiel es schließlich in die drei Großstaaten Makedonien, Syrien und Ägypten.

In politischer Hinsicht markiert die Zeit nach dem Tod Alexanders das Ende der griechischen Herrschaft. In den neu entstandenen Reichen verfügten die griechischen Stadtstaaten nur noch über wenig Macht. Im Jahr 146 v. Chr. mussten Makedonien und das griechische Festland sogar die Erniedrigung erleben, zur römischen Provinz gemacht zu werden. Zudem erhielten die griechischen Städte zunehmend Konkurrenz von neuen Metropolen – wie dem sich rasch entwickelnden Pergamon und dem von Alexander dem Großen gegründeten Alexandria.

Ganz anders war die Situation in kultureller Hinsicht: Griechisches Gedankengut verbreitete sich in den von Alexander eroberten Territorien (ein Phänomen, das man »Hellenisierung« nennt). In den Regionen um das Mittelmeer wurde Griechisch die Sprache der Hochkultur, während Athen das Weltzentrum der Philosophie blieb. Hier befanden sich nicht nur weiterhin die von Platon und Aristoteles gegründeten Lerneinrichtungen, die Akademie und das Lykeion, sondern es entstanden auch neue, erfolgreiche Schulen.

In dieser »globalisierten« hellenistischen Welt vermischte sich das griechische Denken mit der orientalischen Kultur (diese Verschmelzung nennt man »Synkretismus«). Ein namhafter Philosophiehistoriker hat die Lage mit folgenden Worten beschrieben: »Das östliche Mittelmeergebiet, in dem sich seit vorgeschichtlicher Zeit verschiedene Kulturen berührt hatten, wurde nun zu einem Schmelztiegel, in dem sich mannigfaltige geistige Inhalte verbanden. [...] Der Verschmelzungsprozess beschränkte sich nicht auf die Philosophie, sondern betraf die gesamte Kultur.« (Röd 2000, S. 189)

In diesem Klima entstanden in Athen die neuen philosophischen Schulen des Epikureismus und des Stoizismus, deren Grundgedanken im Folgenden erläutert werden. Auch wenn sie durchaus theoretische Interessen pflegten (besonders wichtig sind die Beiträge der Stoiker zur logischen Theorie), verschob sich das Zentrum der Aufmerksamkeit innerhalb dieser Denkrichtungen *von der reinen Kontemplation auf die Praxis*. Die Theorie wurde geschätzt, musste aber immer den Weg für die richtige Lebensführung aufzeigen.

Der Hellenismus war eine Zeit turbulenter Veränderungen, die bei vielen Menschen eine existentielle Verunsicherung auslöste. Die neuen Philosophien versuchten, eine rationale Antwort auf dieses Unbehagen zu finden.

2. Epikur: Glücklichsein in einer materiellen Welt

Der von Epikur (342/1–271/0 v. Chr.) begründete »Kepos« (Garten) war keine Schule, sondern eher eine Gemeinschaft von Freunden, die außerhalb der Stadtmauern von Athen zusammen nach den Prinzipien seiner Philosophie lebten. Diese Prinzipien mussten von den Mitgliedern (darunter gab es auch Frauen und Sklaven) gründlich verstanden und verinnerlicht werden; die Autorität des Meisters durfte nicht infrage gestellt werden.

Epikurs Hauptwerk *Über die Natur* ist verloren gegangen. Erhalten sind nur wenige Texte, darunter ein Brief an einen gewissen Menoikeus, einen Freund Epikurs, der sich von ihm praktische Lebenshilfe verspricht. In diesem wichtigen Dokument definiert Epikur die Glückseligkeit als Lust *(hedoné)*. Ein »Genussmensch« ist er deswegen aber nicht. Was er unter »Lust« versteht, ist nämlich nicht das, was man sich normalerweise darunter vorstellt. Epikur erklärt seine Auffassung wie folgt:

> Eine unverwirrte Betrachtung dieser Dinge [wie man zu leben hat, P. B.] weiß jedes Wählen und Meiden zurückzuführen auf die Gesundheit des Leibes und die Beruhigtheit der Seele; denn dies ist die Erfüllung des seligen Lebens. Um dessentwillen tun wir nämlich alles: damit wir weder Schmerz noch Verwirrung empfinden. Sobald einmal dies an uns geschieht, legt sich der ganze Sturm der Seele. (EB, 102)

Die Glückseligkeit *(eudaimonia)* besteht somit in der Seelenruhe *(ataraxia)* und in der physischen Schmerzlosigkeit *(aponia)*. Die zwei Komponenten dieser Definition sind allerdings nicht gleichwertig; entscheidend ist die innere Ruhe, die nicht fehlen darf. Auch wenn es uns gesundheitlich schlecht geht, davon ist Epikur überzeugt, können wir unseren inneren Frieden bewahren und somit glücklich sein.

Die epikureische Ethik besteht im Wesentlichen aus einer Reihe von Empfehlungen, die zur inneren Ruhe führen sollen. Ziel der Philosophie ist nämlich nicht die Erkenntnis, sondern das gute Leben:

> Wer jung ist, soll nicht zögern zu philosophieren, und wer alt ist, soll nicht müde werden im Philosophieren. Denn für keinen ist es zu früh und für keinen zu spät, sich um die Gesundheit der Seele zu kümmern. (EB, 100)

Epikurs Ratschläge sind nicht willkürlich, sondern beruhen teilweise auf einer materialistischen Weltanschauung, die er von dem früheren Naturphilosophen Demokrit (vgl. Kap. II.4) übernimmt, teilweise auf einer von ihm selbst erarbeiteten psychologischen Theorie.

Die materialistische Weltanschauung und die Bekämpfung der Ängste

Grundprinzipien von Epikurs Theorie über die Natur sind die grenzenlose Leere und die materiellen Atome. Die Atome sind unendlich in Zahl und Gestalt; aus ihren zufälligen Kombinationen entstehen die Dinge, die wir sinnlich wahrnehmen – Menschen, Pflanzen, Steine. Auch die menschliche Seele besteht aus Atomen, wenn auch ausschließlich aus solchen einer feineren, subtileren Art. Wie wir gesehen haben, ist die Seele für Platon ein immaterielles Prinzip, das im Körper »gefangen« gehalten wird; für Epikur ist der Körper eher zu vergleichen mit einer schützenden Vase, welche die Seele enthält und sie vor ihrer Auflösung bewahrt. Unsere Wahrnehmungen sind auf das Aufeinanderprallen der Atome zurückzuführen; wir nehmen einen Gegenstand wahr, wenn einige Atome ihn verlassen, in unseren Körper eindringen und hier unsere materielle Seele berühren.

So wie unsere Welt viele Dinge beinhaltet, so besteht das ganze Universum aus unendlich vielen Welten. In den Räumen zwischen den Welten leben die Götter – aber sie kümmern sich in Epikurs Sicht nicht um das menschliche Schicksal, wie die meisten Menschen irrtümlich glauben. Da die Götter vollkommen sind, haben sie ganz einfach keinen Grund, irgendein Interesse zu zeigen an niedrigeren, unvollkommenen Kreaturen, wie wir es sind. »Denn da die Götter durch und durch mit ihren eigenen Tugenden vertraut sind, akzeptieren sie nur Wesen, die ihnen ähnlich sind; doch alles, was nicht derart ist, schließen sie aus als fremd.« (EB, 101)

Diese selbstgefälligen Götter spielen allerdings keine Rolle in Epikurs Philosophie. Seine Überlegungen über ihre Natur könnten sogar als Aufforderung verstanden werden, sich nicht mehr mit religiösen Fragen zu beschäftigen, und somit als eine Form von praktischem Atheismus. (Wenn die Götter sich nicht um uns kümmern, wieso sollten wir uns um sie kümmern? In praktischer Hinsicht sind solche Götter *inexistent*.)

Eine solche materialistische Weltsicht – das Universum als eine unendliche Leere, bevölkert von zufälligen Kombinationen von Atomen – scheint eher dazu geeignet, den Menschen in düstere Meditationen über die Sinnlosigkeit allen Seins zu stürzen, als ihm den Weg zur Glückseligkeit zu weisen. Epikur behauptet hingegen, dass diese Theorie uns von unseren tiefsten Ängsten befreien kann. Speziell die folgenden Überlegungen sollen nach seiner Überzeugung eine therapeutische Wirkung auf die Seele haben:

1. *Die Angst vor dem Tod als schiere Beendigung des Lebens.* Das größte Hindernis für die Seelenruhe ist die Angst vor dem Tod. Wie die anderen natürlichen Dinge besteht die Seele aus Atomen; nach dem Verfallen des Körpers werden sich diese Atome voneinander lösen und wieder in der unendlichen Leere zerstreuen. Logisch betrachtet, so Epikur, ist es also unsinnig, Angst vor unserer Nicht-Existenz zu haben, denn wenn diese eintritt,

existieren wir eben nicht mehr. Wie er es pointiert formuliert: »[D]er Tod geht uns nichts an; denn solange wir existieren, ist der Tod nicht da, und wenn der Tod da ist, existieren wir nicht mehr.« (EB, 101)

2. *Die Angst vor dem, was nach dem Tod kommen könnte.* Viele Menschen fürchten den Tod auch deshalb, weil sie danach schreckliche Strafen erwarten. Nach Epikurs materialistischer Theorie wird die Wahrnehmung – darunter auch das Empfinden von Schmerzen – von Atomen verursacht, die von äußeren Gegenständen in unseren Körper eindringen und auf unsere Seele prallen. Wenn unsere Seele sich nach dem Tod des Körpers auflöst und nicht mehr existiert, können wir aber auch keine Wahrnehmungen mehr haben, d. h. kein Leid verspüren: »Gewöhne dich an den Gedanken, dass der Tod uns nichts angeht. Denn alles Gute und Schlimme beruht auf der Wahrnehmung. Der Tod aber ist der Verlust der Wahrnehmung.« (EB, 102)
3. *Die Angst vor den Qualen des Sterbens.* Ein weiterer Grund, wieso die Menschen den Tod fürchten, ist der oft leidvolle Prozess des Sterbens. Bezüglich des Leidens im Allgemeinen begnügt sich Epikur mit der folgenden, freilich nicht sehr überzeugenden Bemerkung: Wenn das Leiden stark ist, wird es wenig dauern; wenn es nicht stark ist, ist es auch leicht erträglich.
4. *Die Angst vor den Göttern.* Viele Menschen fürchten sich vor Naturphänomenen, wie z. B. Blitzen oder Erdbeben, weil sie diese als göttliche Strafen oder Warnungen auffassen. Diese Angst ist unbegründet, denn die Götter kümmern sich nicht um uns. Wichtiger noch: Solche Phänomene lassen sich innerhalb des materialistischen Weltbilds Epikurs auch anders erklären – nämlich als Ergebnisse von Kollisionen zwischen Atomen verschiedener Formen und Geschwindigkeiten. Nur formell ist die Philosophie Epikurs eine Form von Polytheismus; ihre Grundstimmung ist durch und durch atheistisch.
5. *Die Angst vor der Zukunft.* Eine weitere Angst, die die Menschheit plagt, ist die Angst vor der Zukunft. Epikur argumentiert folgendermaßen: »Es ist ferner zu bedenken, dass die Zukunft weder vollständig in unserer Gewalt ist noch vollständig unserer Gewalt entzogen. Wir werden also niemals erwarten, dass das Künftige sicher eintreten wird, noch daran verzweifeln, dass es jemals eintreten werde.« (EB, 102)
   In der atomistischen Theorie Epikurs ist die Zukunft grundsätzlich offen. Einerseits ist dies so, weil die Götter die Weltgeschichte nicht lenken, andererseits weil die Atome, die allerletzten Bausteine der Wirklichkeit, von einer absolut unberechenbaren Spontaneität belebt sind. In einer solchen

Welt sind Veränderungen grundsätzlich immer möglich; die niederdrückende Erwartung, dass das Schlimmste eintreten wird, ist auf der Basis dieser Weltauffassung also nicht gerechtfertigt. Dagegen unterstützt der Atomismus eine positive, gesündere Haltung gegenüber der Zukunft: Da sie noch nicht festgelegt ist, können wir versuchen, sie in unserem Sinne zu gestalten.

Was immer man von diesen Argumentationen halten mag: Epikur tritt hier auf als ein Aufklärer *ante litteram* – ein Intellektueller, der auf die Macht der Vernunft und der Erkenntnis vertraut, um andere Menschen von Aberglauben und unsinnigen Ängsten zu befreien.

Die menschlichen Bedürfnisse

Epikurs Philosophie beschränkt sich aber nicht auf die Bekämpfung der menschlichen Ängste. Ihm ist es auch wichtig, positive Hilfe zur Erreichung der Seelenruhe zu leisten – d. h. die richtige Lebensweise zu beschreiben und zu begründen. Zu diesem Zweck skizziert er zunächst, ganz im Stil eines modernen Psychologen, eine Klassifikation der menschlichen Bedürfnisse. In einem zweiten Schritt erläutert er, welche Bedürfnisse befriedigt werden müssen, damit die Seele ihre Gesundheit bewahren kann.

Die menschlichen Bedürfnisse werden in drei Hauptklassen unterteilt: (1) natürliche und notwendige, (2) natürliche und nicht notwendige, (3) nicht natürliche und nicht notwendige.

1. *Natürliche und notwendige Bedürfnisse.* Zur ersten Gruppe gehören Bedürfnisse, deren Befriedigung für die Erhaltung des Lebens unentbehrlich ist – wie etwa das Essen, wenn man hungrig ist; das Trinken, wenn man durstig ist; ein Dach über dem Kopf zu haben, wenn es regnet oder kalt ist.
2. *Natürliche, aber nicht notwendige Bedürfnisse.* Zur zweiten Gruppe gehören qualitative Verbesserungen der Grundbedürfnisse, wie etwa das *gute* Essen, das *gute* Trinken oder ein *schönes* Haus.
3. *Nicht natürliche und nicht notwendige Bedürfnisse.* Zur dritten Gruppe gehören Bedürfnisse, die ihren Ursprung nicht im Körper, sondern in den falschen Meinungen der Menschen haben – wie etwa die illusorische Vorstellung, dass Reichtum oder Berühmtheit wesentliche Komponenten eines glücklichen Lebens seien.

Auf der Basis dieser Klassifikation begründet Epikur seine Auffassung der richtigen Lebensweise:

1. Bedürfnisse der ersten Klasse müssen befriedigt werden; ihre Nicht-Befriedigung führt nicht nur zu inneren und äußeren Schmerzen, sondern zum Tod. Wenn man davon ausgeht, dass die Glückseligkeit in der psychischen und physischen Ruhe besteht, dann ist ihre Befriedigung zugleich aber auch hinreichend für ein gutes Leben.
2. Bedürfnisse der zweiten Klasse dürfen befriedigt werden, aber mit Maß. Sich an gutes Essen zu gewöhnen, kann nämlich gefährlich sein: Es könnte dazu führen, dass man mit dem Notwendigen nicht mehr zufrieden ist. Zudem könnten wir süchtig werden, und daher innerlich unruhig. Um zu entscheiden, ob solche Bedürfnisse zu befriedigen sind (z. B. noch ein Glas Wein trinken), ist es ratsam, die jeweilige Lust mit den zu erwartenden Nebenwirkungen (dem Kater am nächsten Morgen) zu vergleichen (ein solches vernünftiges Abwägen wird »hedonistisches Kalkül« genannt).
3. Bedürfnisse der letzten Klasse verursachen immer innere Unruhe; ihre Befriedigung ist zu vermeiden, wenn man ein »gutes« Leben im Sinne des Epikureismus führen will.

Bemerkenswert sind Epikurs Ansichten über Sexualität und Politik: Sexuelle Bedürfnisse sind in seiner Sicht natürlich, aber nicht notwendig. Ihre Befriedigung ist erlaubt, aber nicht wünschenswert, denn nur allzu leicht bringen sie ein Individuum aus dem inneren Gleichgewicht.

Von der Politik rät Epikur noch entschiedener ab, da sie zu einem Leben in ständiger Aufregung führt. Man muss sich befreien aus »dem Gefängnis« der Geschäfte und der Politik: In dieser bekannten Aufforderung spiegeln sich die veränderten historischen Umstände zur Zeit des Hellenismus wider. Nach Platon müssen die Philosophen herrschen; nach Aristoteles ist die aktive Betätigung in der Gesellschaft (nach dem »theoretisch-kontemplativen Leben«) das zweite Ideal menschlicher Vollkommenheit. Nun wird den Menschen deutlich empfohlen, sich von jedem politischen Engagement fernzuhalten. Offenbar hat der griechische Mensch das Vertrauen verloren, die Gesellschaft verändern oder auch nur mitgestalten zu können.

Anders als Epikur denken Platon und Aristoteles den Menschen immer auch als Teil der *polis*; der Mensch ist für sie immer auch »Bürger« (nach Platon ist der Mensch sogar selbst eine miniaturisierte *polis*!). Dies gilt auch für Sokrates, der lieber stirbt, als die Gesetze des eigenen Stadtstaates zu verletzen. Epikur verabschiedet sich von dieser klassischen Auffassung, er ist von seiner *polis* entfremdet. Das einzige zwischenmenschliche Band, das er nicht nur billigt, sondern sogar zelebriert, ist die apolitische Beziehung der Freundschaft – eine spontane, frei gewählte Verbindung von Menschen, die dieselbe Sensibilität und Lebenseinstellung teilen. So betrachtet hat die Tatsache, dass sich sein Kepos außerhalb der Stadtmauern befand, eine durchaus symbolische Bedeutung.

Epikur verlangt nicht, dass wir ein gutes Leben in seinem Sinne führen. Seine Ethik ist kein Pflichtenkatalog, sondern ein Angebot, das man frei annehmen oder ablehnen kann. Nicht ein wütender Gott wird uns in einem furchtbaren Jenseits bestrafen für das Nicht-Beachten seiner Prinzipien – sondern die menschliche Natur selbst, und zwar hier und jetzt, mit einer zerfressenden Unzufriedenheit.

Die gerade besprochene Theorie der Bedürfnisse und die daraus abgeleiteten Ratschläge für ein glückliches Leben lassen sich tabellarisch zusammenfassen:

Natürliche und notwendige Bedürfnisse	**Natürliche und nicht notwendige Bedürfnisse**	**Nicht natürliche, nicht notwendige Bedürfnisse**
Ihre Nicht-Erfüllung verursacht Schmerz	Auf ihre Erfüllung kann verzichtet werden	Ihre Erfüllung verhindert das Erreichen der wahren Lust
Nahrung und Trinken, ein Zuhause, Freundschaft	Gutes Essen und Trinken, schön wohnen, Sex	Luxus, Ehre, Ruhm, Macht, politische Betätigung
Für die Glückseligkeit notwendig und hinreichend	Sie schaden nicht, wenn sie maßvoll befriedigt werden, fügen der menschlichen Glückseligkeit aber auch nichts hinzu	Sie führen zu Abhängigkeit, Frustration und Unglück

Epikur ist überzeugt, dass die Bedürfnisse der ersten Klasse leicht zu befriedigen sind, bzw. dass »alles Naturgemäße leicht, das Sinnlose aber schwer zu beschaffen ist« (EB, 103). Das wahre Glück ist somit für alle Menschen möglich – seien sie Intellektuelle oder Handwerker, Männer oder Frauen, Freie oder Sklaven. In diesem Punkt könnte der Kontrast zur elitären Ethik eines Aristoteles nicht größer sein.

Offensichtlich vertritt Epikur eine Ethik der Moderation, aber nicht der Askese, d. h. eines strengen Verzichts. Man muss mit wenig zufrieden sein; sich gelegentlich – und nach sorgfältiger Abwägung des möglichen Schadens für das physische und psychische Wohlergehen – aber auch etwas gönnen. Um seine Position richtig einzuschätzen, ist es auch wichtig, den Unterschied zwischen zwei Lustarten zu betonen: zwischen der *kinetischen* (momentanen) und der *katastematischen* (andauernden) Lust. Es liegt in der Natur der ersten Art von Lust, dass sie uns überwältigt und dann wieder verlässt, so dass es sinnlos und sogar gefährlich wäre, sie dauerhaft erlangen zu wollen, was nur zu Übersättigung und Abhängigkeit führen würde. Anzustreben ist hingegen eine anhaltende Zufriedenheit, die man erst dann erreicht, wenn es einem gelingt, durch einen *klugen* Verzicht ohne körperliche und psychische Schmerzen zu leben.

Dennoch wurde Epikur nicht nur in der Philosophie, sondern in der ganzen westlichen Kultur immer wieder als der prototypische »Wollüstige« dargestellt, als der unverbesserliche »Genussmensch«. Gegen einen solchen Vorwurf wehrte sich Epikur schon zu Lebzeiten. Im Brief an Menoikeus schrieb er zum Beispiel:

> Wenn wir also sagen, dass die Lust das Lebensziel sei, so meinen wir nicht die Lüste der Wüstlinge und das bloße Genießen, *wie einige aus Unkenntnis und weil sie mit uns nicht übereinstimmen oder weil sie uns missverstehen, meinen* [meine Hervorhebung, P. B.], sondern wir verstehen darunter, weder Schmerz im Körper noch Beunruhigung in der Seele zu empfinden. Denn nicht Trinkgelage und ununterbrochenes Schwärmen und nicht Genuss von Knaben und Frauen und von Fischen und allem anderen, was ein reichbesetzter Tisch bietet, erzeugt das lustvolle Leben, sondern die nüchterne Überlegung, die die Ursachen für alles Wählen und Meiden erforscht und die leeren Meinungen austreibt, aus denen die schlimmste Verwirrung der Seele entsteht. (EB, 104)

Klarer könnte man es nicht formulieren. Die Gründe einer derart krassen Missdeutung sind weder in Epikurs Schriften noch in seiner (übrigens tadellosen) Lebensweise zu suchen, sondern in der feindseligen Ablehnung durch konkurrierende philosophische und religiöse Schulen – darunter auch jene der Stoa.

3. Die Stoiker: Glücklichsein in einer deterministischen Welt

Wenige Jahre nach der Gründung von Epikurs Garten entstand in Athen die erfolgreichste philosophische Schule des Hellenismus, die Stoa. Das Wort »Stoa« bedeutet »Säulenhalle«; da die Schule kein eigenes Gebäude besaß, trafen sich ihre Mitglieder bei einer Säulenhalle neben der athenischen Agora. Der Gründer der Schule, Zenon von Kition (ca. 333–262 v. Chr.), war wie die Epikureer der Auffassung, dass die Aufgabe der Philosophie darin bestehe, den Menschen ein glückliches Leben zu ermöglichen. Epikurs atomistisches Weltbild sowie die Auffassung, dass die Glückseligkeit die Lust sei, lehnte er jedoch vehement ab. Anders als bei den Epikureern war die kritische Auseinandersetzung mit der Doktrin des Meisters bei den Stoikern zudem ausdrücklich erwünscht.

Die Schule hat eine lange Geschichte; traditionell wird unterschieden zwischen einer älteren (Zenon, Kleanthes, Chrysipp), einer mittleren (Panaitios, Poseidonius) und einer neueren oder römischen Stoa (Marc Aurel, Seneca, Epiktet). Obwohl diese Denkrichtung zahlreiche Autoren zählt, ist die Quellenlage dürftig, da viele Texte verloren gegangen sind.

Im Folgenden werden nur die zentralen Aspekte ihrer Metaphysik (Weltauffassung) und Ethik behandelt. Die stoischen Beiträge zur Philosophie beschränken sich aber nicht auf diese zwei Gebiete, da sie auch ausgezeichnete Logiker und Sprachphilosophen waren. Eine Behandlung dieser Themen würde jedoch die Grenzen dieser Einführung sprengen, weil sie technische Vorkenntnisse erfordert, die nicht in Kürze erläutert werden können.

Die Metaphysik: Das monistische Weltbild

Wie die epikureische setzt auch die stoische Ethik ein bestimmtes Weltbild voraus. Die Epikureer gingen davon aus, dass die Welt aus einer Vielzahl von

Atomen besteht, die sich in einem unendlichen leeren Raum bewegen und aus deren zufälligen Kollisionen alle Dinge entstehen.

Das stoische Weltbild ist als Gegenentwurf konzipiert. Es gibt hier keine blind aufeinanderprallenden, in ihrer Existenz voneinander unabhängigen Atome. Das Universum ist ein einheitlicher, lebendiger Organismus, dessen verschiedene Komponenten eng verbunden sind und stets aufeinander reagieren (diese Beziehung fassen die Stoiker als eine Art »kosmische Sympathie« auf). Der ganze Kosmos ist zudem durchdrungen von einer immanenten (innewohnenden) göttlichen Vernunft – einer »Weltseele«, die alles regelt und leitet. Anders als in der atomistischen Theorie entsteht hier nichts durch Zufall; alles ist das vernünftige Ergebnis eines göttlichen Plans.

Diese Vorstellung erinnert – wie auch viele andere Ansichten der Stoiker – an die christliche Religion. Es gibt allerdings mindestens zwei wichtige Unterschiede zwischen der stoischen Weltseele und dem christlichen Gott. Zum einen ist die stoische göttliche Vernunft der Welt »immanent«, das heißt, sie existiert nicht außerhalb von dieser, sondern »in« ihr; Gott ist buchstäblich überall und durchdringt als aktives, lenkendes Prinzip die ganze Natur. Gott hat die Welt nicht geschaffen, sondern lebt mit ihr und wirkt in ihr.

Zum anderen findet man bei den Stoikern noch keine eindeutige Trennung zwischen materiellen und immateriellen Dingen. Auch wenn es seltsam erscheint, ist die göttliche Vernunft immer noch naturalistisch gedacht – es gibt nur einen grundlegenden »Stoff«, aus dem alle Dinge geschaffen sind. Die Stoiker unterscheiden anders als die Christen (und auch Platon) nicht zwischen dem »Natürlichen« und dem »Übernatürlichen«, sondern eher zwischen einer *aktiven* (Gott) und einer *passiven* Natur (die von Gott gestaltet und gelenkt wird).

Nur gelegentlich nimmt dieses »materielle« Weltprinzip persönliche Züge an. So etwa in Kleanthes' zugleich faszinierendem und befremdlichem *Zeushymnos*, der mit den folgenden Worten beginnt: »Aller Unsterblichen Höchster, vielnamiger Lenker des Weltalls, Zeus, du Herr der Natur, der nach dem Gesetz alles lenket.« (ST, 114)

Da die Welt von einer immanenten göttlichen Vernunft geleitet ist, ist alles darin genau so, wie es sein soll. In der atomistischen Theorie der Epikureer wären andere Kombinationen von Atomen möglich gewesen – und somit auch bessere oder schlechtere Welten. Für die Stoiker hingegen ist eine bessere als die real existierende Welt weder möglich noch vorstellbar.

Die wichtigsten Unterschiede in den Weltauffassungen von Stoikern und Epikureern lassen sich wie folgt zusammenfassen:

Epikureismus	**Stoizismus**
Die Welt/das Universum besteht aus einer Vielzahl von Atomen, die sich in einem leeren Raum bewegen *(Pluralismus)*.	Die Welt/das Universum ist ein einziges, einheitliches System; in dieser Welt ist alles miteinander verbunden *(Monismus)*.
Die Götter existieren, kümmern sich aber nicht um die Welt (in der Theorie: *Polytheismus*; in der Praxis: *Atheismus*).	Ein göttliches Prinzip – eine Art Weltseele – lebt und waltet in allen existierenden Dingen, Gott durchdringt und steuert das ganze Universum *(Pantheismus)*.
Die Atome bewegen sich spontan, neue Kombinationen entstehen durch Zufall, die Zukunft ist offen *(Indeterminismus)*.	Alles ist von der Weltseele bestimmt, die Zukunft ist vorbestimmt *(Determinismus)*.
Die Welt (bzw. unser Leben) kann im Prinzip verbessert werden *(Meliorismus)*.	Die Welt (bzw. unser Leben) ist genau so, wie sie (bzw. es) sein soll *(Fatalismus)*.

Die Ethik: Die richtige Lebenseinstellung

Aus diesem pantheistischen (*pan* = alles, *theos* = Gott) Weltbild leitet sich die für die Stoiker typische Lebenseinstellung ab: Wenn alles von einer göttlichen Vernunft optimal eingerichtet ist, gibt es keinen Grund, sich über die Welt zu beklagen. Wer wirklich weise ist, distanziert sich von der eigenen, beschränkten Perspektive – um jenen kosmischen Standpunkt zu erreichen, von dem aus alles rational und richtig erscheint. Wir können sowieso nichts an der Welt und an unserem Schicksal ändern. Wir können den Lauf der Dinge jedoch innerlich akzeptieren. Erst wenn wir unser Los bejahen, erreichen wir jene innere Ruhe, die aus einer Versöhnung mit der Wirklichkeit entsteht.

Der Gedanke, dass wir nicht für unsere Lebensumstände verantwortlich sind, sondern nur für unsere Reaktionen darauf, wird später vom Stoiker Epiktet (ca. 50–138 n. Chr.) wie folgt veranschaulicht:

> Bedenke: Du bist Darsteller eines Stücks, dessen Charakter der Autor bestimmt, und zwar eines kurzen, wenn er es kurz, eines langen, wenn er es lang wünscht. Will er, dass du einen Bettler darstellst, so spiele auch diesen einfühlend; ein Gleiches gilt für einen Krüppel, einen Herrscher oder einen gewöhnlichen Menschen. (HM, 23)

Der Weise unterscheidet stets klarsichtig zwischen den Dingen, die in unserer Macht stehen, und jenen Dingen, die außerhalb unseres Einflusses sind:

> Über das eine gebieten wir, über das andere nicht. Wir gebieten über unser Begreifen, unsern Antrieb zum Handeln, unser Begehren und Meiden, und, mit einem Wort, über alles, was von uns ausgeht; nicht gebieten wir über unsern Körper, unsern Besitz, unser Ansehen, unsere Machtstellung, und, mit einem Wort, über alles, was nicht von uns ausgeht. (HM, 9)

Wir können im Leben von vielen Übeln getroffen werden – einer schweren Krankheit, Armut und Verlust von Besitz, dem Tod der eigenen Kinder. Solche Schicksalsschläge sind aus Sicht der Stoiker weder zu beweinen noch zu fürchten, sondern gelassen und gleichgültig anzunehmen. Es geht darum, sich von solchen Dingen innerlich unabhängig zu machen und den wünschenswerten Zustand der Unberührtheit zu erreichen.

> Bei allem, was deine Seele verlockt oder dir einen Nutzen gewährt oder was du lieb hast, denke daran, dir immer wieder zu sagen, was es eigentlich ist. Fang dabei mit den unscheinbaren Dingen an. Wenn du einen Krug liebst, so sag dir: »Es ist ein Krug, den ich liebe«. Dann wirst du nämlich nicht deine Fassung verlieren, wenn er zerbricht. Wenn du dein Kind oder deine Frau küsst, so sage dir: »Es ist ein Mensch, den du küsst«. Dann wirst du nämlich nicht die Fassung verlieren, wenn er stirbt. (HM, 12)

Es ist diese Leidenschaftslosigkeit *(apatheia)*, die den stoischen Weisen stark macht und es ihm ermöglicht, sein Leben auch unter widrigsten Umständen unbeirrt zu führen. Der Preis dieser Stärke ist aber eine Depersonalisierung und Entfremdung der menschlichen Beziehungen (der Lebenspartner und die Kinder werden verglichen mit einem Krug!); manche werden ihn als viel zu hoch empfinden.

Das Ideal des apathischen Weisen (eines Menschen, der die Notwendigkeit seines Schicksals akzeptiert und mit ihm versöhnt ist) bedeutet allerdings keine Absage an die Gesellschaft. Anders als die Epikureer raten die Stoiker nicht von politischer Betätigung ab. Im Gegenteil, es ist die Pflicht jedes Menschen, sich den anderen dienlich zu machen. So wie man sich ins große Gefüge des Kosmos einordnen muss, so soll der Mensch auch die eigene Rolle in der Gesellschaft akzeptieren. So schreibt kein Geringerer als der römische Kaiser Marc Aurel (121–180 n. Chr.):

> Erwachst du am Morgen schon mit Verdruss, dann denke dir gleich: »Ich bin wach, um eines Menschen Aufgabe zu erfüllen. Wozu soll ich verdrießlich sein, wenn ich daran gehe, zu tun, wozu ich in die Welt gekommen bin? Oder ist es meine Aufgabe, dass ich mich in meinem Bette wärme?« (MS, V.1.)

Die menschliche Gesellschaft sprengt jedoch für die Stoiker die Grenzen der klassischen griechischen *polis*. Da alle Menschen »Sprösslinge« des göttlichen Weltprinzips sind, sind auch alle als gleichwertig und gleichberechtigt zu betrachten. Die brutalen Hierarchien eines Aristoteles und der antiken Welt werden explizit verworfen zugunsten der fortschrittlichen Ideale des Humanismus, der Menschenrechte und des Kosmopolitismus.

Die folgenden Worte Marc Aurels fassen die stoische Weltsicht und Ethik prägnant zusammen:

> Alle Dinge sind miteinander verknüpft, und fast nichts ist einander fremd. Alles Geschaffene ist in der Welt harmonisch einander zugeordnet. Denn es gibt nur eine Welt, die alles in sich vereint, einen Gott, der alles durchdringt, eine Materie, ein Gesetz, eine Vernunft, die allen vernünftigen Geschöpfen gemeinsam ist, und eine Wahrheit, wie es ja auch nur eine Vollkommenheit für all die verwandten Wesen gibt, die an derselben Vernunft teilhaben. (ST, 129)

Trotz einiger befremdlicher Aspekte (das Ideal der Leidenschaftslosigkeit ist weder realistisch noch wünschenswert) war der Stoizismus sehr beliebt, speziell bei den römischen Eliten. Verständlicherweise: Denn eine solche Philosophie fördert eine Ethik des Pflichtbewusstseins und stärkt das Individuum angesichts der vielen Widrigkeiten des Lebens, was bei Staatsmännern besonders wichtig sein kann. Und obwohl die Stoiker an eine immanente Weltseele glaubten und nicht an einen transzendenten Gott, enthält ihre Philosophie auch viele Gedanken – wie jenen der Brüderlichkeit aller Menschen, der Geringschätzung irdischer Güter und des Vertrauens in eine göttliche Vorsehung – die den Boden für das Christentum bereiteten.

VIII. Die Selbstentmachtung der Vernunft
Der Skeptizismus

1. Einführung: Erkenntnis und Glückseligkeit

Die epikureischen und die stoischen Schulen teilen die Überzeugung, dass die Philosophie den Weg zur Glückseligkeit weisen kann. Wer die Natur der Welt und unsere Position in ihr versteht, kann die Dinge richtig bewerten und deswegen auch richtig handeln. Diese Vorstellung wirkt beruhigend: Wer die Welt versteht, braucht sich nicht vor ihr zu fürchten. Auch auf unglückliche Umstände lässt sich angemessen reagieren.

Diese Auffassung – die Idee, dass *Glückseligkeit durch Wissen gesichert werden kann* – setzt voraus, dass die Welt erkennbar ist bzw. dass eine sichere Erkenntnis möglich ist. Dieses Vertrauen in die Kraft der Vernunft ist auch für Platon und Aristoteles typisch: Für Platon ermöglicht uns die Erkenntnis der Idee des Guten, ein gutes Leben zu führen; für Aristoteles ist es die Erkenntnis der echten Natur des Menschen bzw. seiner natürlichen Bestimmung.

Dieses Vertrauen wird in der hellenistischen Zeit stark erschüttert. Skeptische Tendenzen sind in der Geschichte der antiken Philosophie nicht neu (vgl. dazu die im Kap. I.4 besprochenen Zweifel des Xenophanes an der Möglichkeit eines sicheren Wissens); diese nehmen nun aber eine aggressivere Form an. Eine erste, letztlich harmlose Kritik der Vernunft erfolgt innerhalb der Akademie, als Platons Nachfolger die Welt für unerkennbar erklären. Diese scheinbar extreme These wird von den Akademikern als eine Interpretation des sokratischen »ich weiß, dass ich nichts weiß« verstanden. Sie wird jedoch abgeschwächt durch die weitere Feststellung, dass unsere Theorien im Prinzip zwar alle falsch sein könnten, einige davon aber wahrscheinlicher und glaubwürdiger seien als andere. Viel radikaler ist die Attacke, welche die

Vernunft von der sogenannten »pyrrhonischen Skepsis« erfährt. Dieses Kapitel befasst sich mit dieser kompromissloseren Denkrichtung.

2. Die skeptische Erfahrung: Der Weg zur Seelenruhe

Von einer Schule im eigentlichen Sinn des Wortes kann bei den Skeptikern nicht die Rede sein, da ihre Besonderheit darin besteht, keine Meinungen zu haben; dieser Mangel an einer Doktrin kommt schon im Begriff »Skepsis« zum Ausdruck, der mit »Suche« (oder »Untersuchung«) übersetzt werden könnte.

Als Gründer dieser Denkrichtung gilt die legendäre Gestalt des Pyrrhon von Elis (365/360–275/270 v. Chr.). Über ihn ist wenig bekannt; überliefert sind kuriose Anekdoten über seine souveräne Indifferenz: »Er wich vor nichts aus und kannte keine Vorsichtsmaßregeln, gegen alles zeigte er die nämliche Gleichgültigkeit, mochten es nun begegnende Wagen oder Abhänge oder Hunde oder anderes dergleichen sein. [...] Seine Rettung verdankte er in solchen Fällen [...] seinen ihn begleitenden Schülern.« (LM, 511–512) Als Alexander der Große seine Asienfeldzüge durchführte, soll Pyrrhon ihm bis nach Indien gefolgt sein und dort die »Gymnosophisten« (die »nackten Weisen«, d. h. die Yogis und Asketen Indiens) getroffen haben (LM, 511). Diese Begegnung muss auf seine Philosophie – die der inneren Gelassenheit eine zentrale Bedeutung zuweist – eine erhebliche Wirkung gehabt haben. Wie Sokrates vor ihm, und weil er als Skeptiker keine Doktrin zu lehren hatte, hat Pyrrhon nichts geschrieben. Als bedeutendste Quelle über den Skeptizismus gilt die spätere Darstellung des Sextus Empiricus (2./3. Jh. n. Chr.), der *Grundriss der pyrrhonischen Skepsis*.

Der Schlüssel zum Verständnis dieser Form von Skeptizismus ist eine besondere Erfahrung, die von Sextus an einer entscheidenden Stelle beschrieben wird (die eingefügten Ziffern sollen das Verständnis erleichtern):

> [D]er Skeptiker begann zu philosophieren, um die Vorstellungen zu beurteilen und zu erkennen, welche wahr sind und welche falsch, damit er Ruhe findet [1]. Dabei geriet er in den gleichwertigen Widerstreit [2], und weil er diesen nicht entscheiden konnte, hielt er inne [3]. Als er aber innehielt, folgte ihm zufällig die Seelenruhe [...] [4]. (SP, 100)

Die hier beschriebene Erfahrung vollzieht sich in vier Hauptschritten:

1. *Die Hoffnung auf Seelenruhe und die Hinwendung zur Philosophie.* Wie viele Menschen widmet sich auch der zukünftige Skeptiker der Philosophie; davon erhofft er sich eine sichere, endgültige Wahrheit – eine solide Grundlage, die ihm ermöglichen würde, ein seelisch beruhigtes Leben zu führen.
2. *Die Gleichwertigkeit aller Argumente.* Die Auseinandersetzung mit der Philosophie entwickelt sich aber anders als vorgesehen. Der zukünftige Skeptiker wird überwältigt von der Vielzahl verschiedener Meinungen und Argumente; diese erscheinen ihm alle gleich stark, die Beantwortung einer philosophischen Frage ist damit ein Ding der Unmöglichkeit.
3. *Die Urteilsenthaltung.* Die subjektive Erfahrung der Gleichwertigkeit aller Argumente *(isostheneia)* lässt den Skeptiker schließlich an der Möglichkeit einer endgültigen Erkenntnis zweifeln. Diese Erfahrung ist so frustrierend, dass er die Hoffnung auf eine endgültige Wahrheit aufgibt und beschließt, sich für die Zukunft alles Urteilen zu verbieten.
4. *Die Seelenruhe.* Als Folge der Urteilsenthaltung *(epoché)* folgt überraschenderweise die Seelenruhe *(ataraxia)*. Somit ist das ursprüngliche Ziel des Skeptikers erreicht worden – allerdings nicht wie geplant dank einer dogmatischen Philosophie (*dogma* = Lehrsatz), sondern durch die Erfahrung der Gleichwertigkeit aller Argumente.

Ein Vergleich mit dem Maler Apelles soll diese Erfahrung verdeutlichen:

> Dem Skeptiker geschah dasselbe, was von dem Maler Apelles erzählt wird. Dieser wollte [...] beim Malen eines Pferdes dessen Schaum auf dem Gemälde nachahmen [1]. Das sei ihm so misslungen [2], dass er aufgab und den Schwamm, in dem er die Farbe vom Pinsel abzuwischen pflegte, gegen das Bild schleuderte [3]. Als dieser auftraf, habe er eine Nachahmung des Pferdeschaumes hervorgebracht [4]. (PS, 100)

Genau wie der Maler Apelles versucht der Skeptiker, ein bestimmtes Ziel zu erreichen (eine realistische Darstellung des Pferdeschaumes / die Seelenruhe) [1]. Als ihm dies mit den traditionellen Methoden nicht gelingt (das Malen / das Philosophieren) [2], gibt er frustriert auf (das Werfen des Schwammes / die Urteilsenthaltung) [3]. Gerade in diesem Moment – und entgegen jeglicher Erwartung – erreicht er sein Ziel (eine Darstellung des Schaumes / die Seelenruhe) [4].

Der »skeptische Weg« zur Glückseligkeit kann zusammenfassend wie folgt dargestellt werden:

Unruhe
↓
Suche nach Erkenntnis (Philosophie)
↓
Verzweiflung *(isostheneia)*
↓
Urteilsenthaltung *(epoché)*
↓
Seelenruhe *(ataraxia)*

Die von Sextus beschriebene psychologische und philosophische Entwicklung des Skeptikers lässt einige Fragen aufkommen.

1. *Wie kann das Aufgeben jeglichen Urteilens zur Seelenruhe führen?* Die skeptische Erklärung ist verblüffend einfach. Wenn wir etwas für gut halten (d. h. wenn wir *urteilen*, dass etwas gut ist), sind wir unzufrieden, wenn wir es nicht haben; wenn wir es hingegen haben, dann haben wir Angst, es zu verlieren. Eine Frau, die sich ein Kind wünscht, ist z. B. unzufrieden, wenn sie keines bekommt; wird aber ein Kind geboren, wird sie von schrecklichen Sorgen geplagt. Wenn wir hingegen etwas für ein Übel halten, z. B. die Armut, dann haben wir Angst, dass es uns heimsuchen wird; falls wir davon betroffen sind, leiden wir doppelt darunter – in diesem Beispiel wegen der Armut selbst, aber auch wegen unserer *Meinung*, dass die Armut ein Übel sei.
   Innere Ruhe ist also nur dann möglich, wenn man keine Meinungen über den Wert der Dinge hat. Diese Position ist viel extremer als jene der Stoiker und der Epikureer, die nur *falsche* Meinungen vermeiden wollten – etwa die Vorstellung, dass Reichtum oder Ruhm wesentlich für ein glückliches Leben seien. Für die Skeptiker trübt *jede* Meinung über den Wert eines Dinges unsere Glückseligkeit.

2. *Erreicht der Skeptiker wirklich die Seelenruhe?* Wie aus der folgenden Stelle ersichtlich wird, ist die skeptische Seelenruhe – die Sextus mit dem poetischen Bild der »Meeresstille« erläutert – nie ganz vollkommen:

   > Freilich glauben wir nicht, [...] dass der Skeptiker vollkommen unbelästigt bleibe [...]. Denn wir räumen ein, dass er manchmal friere und Durst habe und ähnliche Dinge erleide. Aber selbst in diesen Dingen werden die Laien von doppeltem Ungemach bedrängt; sowohl von dem Empfindungserlebnis selbst als auch von dem Glauben, dass dieses Ungemach von Natur übel sei. Der Skeptiker dagegen räumt den beigemengten Glauben, dass jedes dieser Dinge von Natur übel sei, beiseite und kommt daher selbst in diesen Dingen mäßiger davon. (PS, 100–101)

   Die Welt der Erscheinungen, *so wie sich diese uns unmittelbar darbieten*, kann also nicht beiseitegeschoben werden. Der Verzicht auf jegliche Meinung über den Wert der Dinge kann zum Beispiel nicht verhindern, dass wir unangenehme körperliche Empfindungen haben. Er kann aber das Leiden deutlich verringern, da wir es nicht mehr negativ bewerten.
   Eine solche Meinungsenthaltung verändert allerdings die ganze Beziehung zwischen einem Menschen und seiner Umwelt: Wenn wir wirklich nichts mehr für wertvoll oder wertlos halten, dies ließe sich gegen Sextus einwenden, wird das Leben eines Menschen dann nicht notwendigerweise an Bedeutung verlieren? Man könnte sich daher ernsthaft fragen, ob die skeptische Seelenruhe als eine Form von innerem Frieden, wie Sextus meint, oder eher als eine tiefe Depression aufzufassen ist.
3. *Wie dauerhaft ist die Seelenruhe?* Pyrrhon soll das Ideal der gleichgültigen Seelenruhe stets verkörpert haben. Die zur Seelenruhe führende Urteilsenthaltung kann aber schwerlich als ein *stabiler* Zustand verstanden werden. Von Natur aus neigt der Mensch dazu, sich Meinungen über die Welt zu bilden und Wertungen abzugeben. Und philosophische Fragen zur Natur und zum Wert der Dinge tauchen spontan immer wieder auf.
   Diese Tatsache wird von den Skeptikern anerkannt. Aber sie wissen sie zu nutzen: Da die Urteilsenthaltung sich als Folge der destabilisierenden Erfahrung der Gleichwertigkeit aller Argumente einstellt, muss diese Erfahrung immer wieder künstlich herbeigeführt werden. Zu diesem Zweck sammeln die Skeptiker Reihen von Argumenten für und gegen

eine bestimmte These. Ihr Ziel dabei ist nicht, die These zu beweisen oder zu widerlegen, sondern nur die Unentscheidbarkeit der Frage zu demonstrieren.

Wichtig bei diesem Vorgehen ist die Tatsache, dass der Skeptiker kein endgültiges Urteil über die Qualität der entgegengesetzten Argumente fällt. Um die Suche anzugehen, genügt es nämlich, dass der Suchende den *Eindruck* hat, die sich widerstreitenden Argumente seien gleich stark. Dies führt dazu, dass die von den Skeptikern gesammelten Argumente manchmal sehr subtil und tiefgründig, manchmal aber auch sehr naiv oder sophistisch sind.

4. *Worin genau besteht das skeptische Verfahren?* Die skeptische Philosophie besteht nicht in einer Doktrin, sondern in einer argumentativen Tätigkeit; Sextus beschreibt sie als die »Kunst, auf alle möglichen Weisen erscheinende und gedachte Dinge einander entgegenzusetzen« (SP, 94). Die Skeptiker sammelten sowohl die verschiedenen Meinungen über ein bestimmtes Thema als auch die Argumentationen für und gegen eine Position. Mit diesen Argumentationsketten – den sogenannten »Tropen« – wollten sie den Dogmatikern und auch sich selber die Unmöglichkeit einer sicheren Erkenntnis vor Augen führen. Erst wer nicht mehr an die Möglichkeit einer sicheren Erkenntnis glaubt, ist nämlich bereit, die Urteilsenthaltung zu praktizieren und kann somit die Seelenruhe finden. Wie dies zu verstehen ist, erklärt Sextus wie folgt:

> Da ich sagte, die Seelenruhe folge der Zurückhaltung gegenüber allen Dingen, so ist es wohl folgerichtig, jetzt zu erörtern, wie sich die Zurückhaltung für uns ergibt. Diese entsteht also – so könnte man allgemeiner sagen – durch die Entgegensetzung der Dinge. Wir setzen dabei entweder Erscheinungen Erscheinungen oder Gedanken Gedanken oder diese einander wechselseitig entgegen. (PS, 101)

Mit »Erscheinungen« sind unsere Sinneserfahrungen gemeint. Man nehme zum Beispiel an, dass ein Turm uns aus der Ferne rund, aus der Nähe viereckig erscheint. Ist der Turm nun rund oder viereckig? Da uns nur die *Erscheinung des Turms* gegeben ist und nicht *der Turm selbst,* lässt sich die Frage nicht beantworten. In gleicher Weise lassen sich »Gedanken« (Argumente) gegeneinander ausspielen. Aus der Tatsache, dass die Welt eine Ordnung aufweist, lässt sich zum Beispiel schließen, dass es einen wohlwollenden Gott gibt, der sie so geschaffen hat. Die Tatsache, dass es viel Übel in der Welt gibt, kann man wiederum als Beweis benutzen, dass ein solcher Gott nicht existiert. Schließlich lassen sich »Erscheinungen« und »Gedanken« einander gegenüberstellen: So zeigt die unmittelbare Erfahrung, dass der Mond sehr klein ist; durch Überlegung kommt man dagegen zum Schluss, dass er sehr groß sein muss.

5. *Wie fassen die Skeptiker die menschliche Erkenntnis auf?* Die obigen Erwägungen lassen sich in Form von drei Antinomien (Widersprüchen) darlegen:

Erfahrung	**Erfahrung**
Der Turm ist rund.	Der Turm ist viereckig (nicht-rund).

Gedanke	**Gedanke**
Die Ordnung der Welt liefert den Beweis, dass Gott existiert.	Das Leiden in der Welt liefert den Beweis, dass Gott nicht existiert.

Erfahrung	**Gedanke**
Der Mond ist klein.	Der Mond ist groß (nicht-klein).

Diese tabellarische Darstellung macht deutlich, dass der Skeptiker viel ambitionierter ist, als es zunächst erscheinen könnte. Ihm geht es nicht nur darum, einen Suchenden zur Verzweiflung zu bringen, um die befreiende Urteilsenthaltung auszulösen, sondern auch darum, die zutiefst antithetische (widersprüchliche) Struktur der menschlichen Erkenntnis zu entlarven.

Alles, was wir wissen können, stammt entweder aus der Erfahrung (»Erscheinung«) oder aus dem Verstand (»Gedanke«). Wie aus der Tabelle ersichtlich wird, widersprechen sich die Quellen der Erkenntnis sowohl intern (Erfahrungen gegen Erfahrungen, Gedanken gegen Gedanken) als auch untereinander (Erfahrungen gegen Gedanken). Das ganze menschliche Erkenntnisvermögen, das auf diesen zwei Quellen beruht, erscheint auf einmal als ein fragwürdiges, unzuverlässiges Konstrukt.

6. *Wie lebt der Skeptiker?* Eine schon in der Antike weit verbreitete Kritik am Skeptizismus ist jene der *apraxia* (Verlust der Handlungsfähigkeit). Es ist unmöglich, so lautet der Einwand, nach den Prinzipien der skeptischen Philosophie zu leben. Nach Sextus soll man keine Auffassung über den *Wert* eines Dinges oder Ereignisses haben. Aber wie kann man leben, ohne zu werten? Wie kann man z. B. entscheiden, ob man heiraten soll, welche Arbeit man wählen will, was man essen möchte usw., wenn man keine Meinung darüber hat, ob solche Dinge »gut« oder »schlecht« sind? Das von den Skeptikern vorgeschlagene Ideal einer vollständigen »Indifferenz« und »Meinungsenthaltung« scheint das Leben eher schwieriger als einfacher zu machen – wenn nicht sogar zu verunmöglichen.
   Die Antwort des Skeptikers auf diese Kritik ist unerwartet: Er erkennt durchaus an, dass das Leben uns ständig zu Entscheidungen zwingt. Aber wo alles unsicher ist, hält er es für ratsam, sich an die Gebote der Natur (essen, wenn man hungrig ist; sich bekleiden, wenn es kalt wird, usw.) und an die Tradition zu halten. Die praktische Botschaft des Skeptizismus ist somit eine Art Konformismus. Man muss wie alle anderen Menschen leben; da der Skeptiker aber keine Meinung hat, kann er nur so tun, *als ob* er an die überlieferten Traditionen glauben würde. Enttäuschender könnte dieser Aspekt der skeptischen Philosophie kaum sein: Emotional losgelöst von der äußeren Welt, lässt sich der Skeptiker (der prinzipiell alles infrage stellt!) vom gesellschaftlichen Strom einfach mitziehen.
7. *Wie kohärent ist die skeptische Haltung?* Obwohl der Skeptiker angeblich auf jede Meinung über die Natur der Dinge und auf jede Wertung verzichtet, ist es klar, dass er die Seelenruhe für wertvoll hält. Er scheint stets zu wissen, wozu es sich zu leben lohnt und worin das gute Leben besteht. Seine Philosophie und seine Lebenseinstellung beruhen offenbar selbst auf einem unkritisch angenommenen Dogma.

4. Die Unbegründbarkeit allen Wissens: Gibt es ein Wahrheitskriterium?

Die skeptische Attacke auf die Vernunft greift aber tiefer, als bis jetzt angedeutet worden ist. Im *Grundriss der pyrrhonischen Skepsis* wird die Urteilsenthaltung nicht nur als Ergebnis einer Frustration beschrieben, sondern auch als eine durchaus logische Haltung. Der Skeptiker verzichtet auf das Urteilen, so Sextus' Erklärung, weil er wahre nicht von falschen Aussagen unterscheiden kann. Denn um diese Unterscheidung treffen zu können, müsste er über ein Wahrheitskriterium verfügen – das er aber nicht zu besitzen meint. Er fällt also kein Urteil, weil er dazu *methodisch* nicht in der Lage ist; deswegen praktiziert er bei jeder Streitfrage konsequent die Urteilsenthaltung *(epoché)*.

Um diese Argumentation zu verstehen, ist es hilfreich, sich zuerst einige Beispiele möglicher Wahrheitskriterien anzuschauen – also Gründe, die verschiedene Menschen dazu bringen könnten, etwas für wahr zu halten:

1. Eine Aussage P ist wahr, wenn sie durch meine Sinne bestätigt wird. (Z. B.: »Hier gibt es einen Tisch (P), weil ich ihn sehe.«)
2. Eine Aussage P ist wahr, wenn sie Teil einer wissenschaftlichen Theorie ist. (Z. B.: »Die Gravitationskraft ist auf der Erde stärker als auf dem Mond (P), weil dies experimentell bestätigt worden ist.«)
3. Eine Aussage P ist wahr, wenn sie streng mathematisch bewiesen ist. (Gilt für alle mathematischen Sätze außer den Axiomen.)
4. Eine Aussage P ist wahr, wenn sie offensichtlich erscheint. (Gilt für die mathematischen Axiome.)
5. Eine Aussage P ist wahr, wenn sie in einem heiligen Buch vorkommt. (»Die Erde bewegt sich nicht (P), weil es in der Bibel so geschrieben steht.«)
6. Eine Aussage P ist wahr, wenn sie im Einklang mit der Tradition ist. (Z. B.: »Eine Frau soll zu Hause bleiben und die Kinder hüten (P), weil es bei uns immer so gewesen ist.«)

Die Motive, wieso die Menschen etwas für wahr halten, sind also vielfältig – und sie können miteinander in Konflikt geraten, wie es etwa beim zweiten und fünften Beispiel der Fall ist. Da es nun aber eine Fülle von möglichen, sich potenziell widersprechenden Wahrheitskriterien gibt: *Wie lässt sich bestimmen, ob ein Kriterium verlässlich ist oder nicht?*

Um diese Frage zu beantworten, könnte man mit der Feststellung beginnen, dass die oben aufgelisteten Kriterien alle die gleiche Form haben:

Eine Aussage P ist wahr, wenn … [*je nach Kriterium wird hier eine andere Bedingung spezifiziert*]

Dies macht deutlich, dass jedes Kriterium selbst eine Aussage ist. Die gerade gestellte Frage lässt sich also wie folgt umformulieren: *Wie kann man bestimmen, dass es wahr ist, dass eine Aussage P erst dann wahr ist, wenn sie eine bestimmte Bedingung erfüllt?* Um dies zu tun, so argumentiert der Skeptiker, müsste man das ausgewählte Kriterium (K) evaluieren können. Dies kann aber nur unter Hinzunahme eines weiteren Kriteriums (K*) getan werden.

Anders gesagt: Die Wahl eines Wahrheitskriteriums setzt voraus, dass das auszuwählende Kriterium selbst evaluiert wird. Und dazu ist ein anderes Kriterium nötig. Logisch betrachtet, gibt es nun lediglich zwei Möglichkeiten:

1. Wenn das Kriterium K* von dem zu evaluierenden K verschieden ist, stellt sich die ursprüngliche Frage erneut: Wie kann man wissen, dass K* ein verlässliches Wahrheitskriterium ist? Wenn man versucht, K* auf der Basis eines weiteren Kriteriums K** zu begründen, entsteht ein unendlicher Regress *(regressus ad infinitum)*.
2. Wenn hingegen das Kriterium K* dasselbe ist wie das zu evaluierende K, dann hat man K nicht begründet, sondern willkürlich angenommen. Die angebliche Begründung ist, logisch gesehen, ein Zirkelschluss *(diallele)*.

Die Verlässlichkeit eines Wahrheitskriteriums lässt sich also nicht beweisen. Dies heißt, dass zwar vieles von dem, was wir für wahr halten, wahr sein könnte; wir werden aber nie wissen, ob es tatsächlich wahr ist.

Es bedeutet aber nicht, so der Skeptiker, dass es kein Wahrheitskriterium *gibt*; sondern nur, dass wir *nicht wissen*, ob es eines gibt. Da der Skeptiker über kein Wahrheitskriterium verfügt, kann er auch keiner dieser entgegengesetzten Aussagen zustimmen:

1. Es ist *wahr*, dass es ein Wahrheitskriterium gibt.
2. Es ist *falsch*, dass es ein Wahrheitskriterium gibt.

Wie alle anderen philosophischen Fragen ist die Frage, ob es ein Wahrheitskriterium gibt, »unentscheidbar«; sie wird vom Skeptiker nicht beantwortet, sondern offengelassen.

So argumentiert Sextus gegen all jene Philosophen, die der Meinung sind, über ein Kriterium zu verfügen:

> Um den entstandenen Streit über das Kriterium zu entscheiden, müssen wir ein anerkanntes Kriterium haben, mit dem wir ihn entscheiden können, und um ein anerkanntes Kriterium zu haben, muss vorher der Streit über das Kriterium entschieden werden. So gerät die Erörterung in die Diallele, und die Auffindung des Kriteriums wird aussichtslos, da wir es einerseits nicht zulassen, dass sie ein Kriterium durch Voraussetzung annehmen, und wir sie andererseits, wenn sie das Kriterium durch ein Kriterium beurteilen wollen, in einen unendlichen Regress treiben. (PS, 158)

Die Bedeutung dieser Überlegungen ist enorm. Sie untergraben jedes Vertrauen in die Vernunft; der Anspruch, zwischen Wahrheit und Falschheit, Illusion und Wirklichkeit, Traum und Realität unterscheiden zu können, wird verworfen. (Nur hier, wo die Vernunft diese destruktiven Überlegungen anstellt, verlässt man sich paradoxerweise auf sie.)

Ein ähnlicher Gedanke wird von einem anderen Skeptiker, Agrippa, formuliert. Es scheint naheliegend zu sein, dass nur das, was auch endgültig begründet bzw. bewiesen werden kann, als Wissen und nicht als reine Meinung gelten kann. Nur was absolut sicher ist, verdient es nämlich, »Wissen« genannt zu werden; als sicher kann aber nur das betrachtet werden, was bewiesen worden ist.

Diese Auffassung der menschlichen Erkenntnis ist jedoch problematisch. Da jeder Begründungsversuch auf Prämissen angewiesen ist, müssen diese Prämissen selbst begründet werden. Dies führt entweder (a) zu einem unendlichen Regress (die Prämissen müssen selbst begründet werden), (b) zu einem Zirkelschluss (die These wird durch sich selber begründet) oder (c) zu einem willkürlichen Abbruch des Begründungsverfahrens. In keinem der drei Fälle, so Agrippa, ist die ursprüngliche These bewiesen worden. Aber wenn man keine These belegen kann, dies die skeptische Konklusion, dann ist die Vernunft schlicht unfähig, etwas zu erkennen.

So lautet das sogenannte »Trilemma« des Agrippa:

1. Echtes Wissen muss begründet werden (ansonsten handelt es sich nur um eine Meinung).
2. Keine These kann endgültig begründet werden (man landet entweder in einem unendlichen Regress, in einem Zirkelschluss oder in einem willkürlichen Abbruch der Begründung).

---

3. Nichts kann erkannt werden (bzw. man kann nichts wissen).

Eine besonders unangenehme Konsequenz dieses Gedankens ist, dass ein Disput nie endgültig durch rationale Argumente entschieden werden kann. Ein Austausch von Argumenten kann prinzipiell unendlich lang fortgeführt werden.

Die Argumentationen von Sextus und Agrippa sind beide gleichermaßen scharfsinnig und beunruhigend. Mit ihnen wird nicht nur die Möglichkeit der Erkenntnis verneint, sondern auch die grundlegende Überzeugung des Hellenismus – die zu Beginn dieses Kapitels erläuterte Idee, dass *Glückseligkeit durch Wissen gesichert werden kann* – infrage gestellt: Denn wie kann eine ohnmächtige Vernunft den Menschen Weltorientierung anbieten?

5. Der Skeptizismus und der Aufstieg des Christentums

Mit dem Skeptizismus macht das philosophische Denken eine erschütternde Erfahrung. Um seine Bedeutung richtig einzuschätzen, kann es hilfreich sein, die in den letzten drei Kapiteln besprochenen Glücksauffassungen noch einmal zusammenzufassen:

	Ideal eines guten menschlichen Lebens
Platon	Erlangung der Autonomie durch Selbstbeherrschung bzw. vernünftige Kontrolle der eigenen Triebe (von den möglichen Lebensweisen, die im idealen Stadtstaat vorkommen können, ist jene des Philosophen-Königs die beste).
Aristoteles	Verwirklichung der menschlichen Natur als rationales Wesen; die beste Lebensweise ist jene der Philosophen, die zweitbeste jene der Politiker. (Die Ähnlichkeit mit der platonischen Auffassung fällt auf.)
Epikureismus	Innere Ruhe durch kluge Selbstbeschränkung und ein zurückgezogenes, apolitisches Leben; die Philosophie ist nur deswegen wichtig, weil sie die Prinzipien der richtigen Lebensweise entdeckt.
Stoizismus	Innere Ruhe durch Leidenschaftslosigkeit und Annahme des eigenen Schicksals; die Welt ist ein vernünftiges Ganzes, das wir nicht verändern können; nur unsere Meinungen und Gefühle können wir kontrollieren.
Skeptizismus	Innere Ruhe durch Urteilsenthaltung; in der Praxis muss man sich der Tradition anpassen. (Der Skeptiker ist ein Rebell, der zu einem Konformisten wird!)

Die Vorstellungen der Philosophen des klassischen Zeitalters über ein gutes Leben sind elitär, aber durchaus *optimistisch*: Zwar sind sowohl für Platon als auch für Aristoteles nur wenige Menschen im Besitz einer vollkommen entwickelten Vernunft und der notwendigen Mittel, sich der Forschung zu widmen; diese überlegenen Gestalten können jedoch eine Art Selbstverwirklichung erlangen und auf ihre Umwelt einwirken. Im Gegensatz dazu sind die Ideale des hellenistischen Zeitalters kaum elitär, aber auch viel *resignativer*.

Alle Menschen (darunter auch Frauen und Sklaven) können »glücklich« sein, aber nur wenn sie sich von der Welt in irgendeiner Weise distanzieren.

Während viele von Epikurs Ratschlägen nachvollziehbar scheinen, sind die Weisungen der Stoiker und der Skeptiker derart radikal, dass man sich fragen muss, ob sie überhaupt befolgt werden können. Dass solche negativen Ideale sich während des Hellenismus durchsetzen konnten, zeigt eindeutig, dass dies eine Zeit der zunehmenden existenziellen Verzweiflung war. Die Philosophie versuchte darauf mit rationalen Mitteln zu reagieren, doch mit dem Skeptizismus geriet die Vernunft selbst in die Krise. Wenn nichts erkennbar ist (nicht einmal die These, dass nichts erkennbar ist), wie kann die Vernunft den Weg zu einem glücklichen Leben aufzeigen?

Mit dem Skeptizismus hat die Vernunft sich selbst entmachtet. Damit wird der Boden für ein neues Zeitalter bereitet – eines, in dem der Glaube, nicht das selbständige Denken, die führende Rolle spielen wird: Es ist das christliche Mittelalter. Die von den antiken Philosophen gesuchte Glückseligkeit wird dann auch nicht mehr in diesem Leben zu erreichen sein, sondern in einem versprochenen Jenseits.

IX. Coda
Das Ende der antiken Philosophie

Dass sich mit dem Christentum die geistige Atmosphäre, in der sich die Philosophie entfalten konnte, verändert hat, wird aus einem Brief des heiligen Augustinus (354–430 n. Chr.) unmissverständlich klar:

> [B]ei ihnen [den griechischen Philosophen, P. B.] wird die wahre Frömmigkeit, das heißt der wahrhafte Dienst des wahren Gottes, aus dem sich alle Pflichten eines guten Lebens ableiten lassen, nicht gefunden; und zwar, soweit ich es verstehe, aus keinem anderen Grunde, als weil sie das glückselige Leben sich gewissermaßen selbst zurecht zimmern wollen und glauben, es mehr finden als erbitten zu müssen, während doch Gott dessen Geber ist. (BM, 105)

Sich seiner eigenen Vernunft zu bedienen, um das gute Leben zu bestimmen, ist für den Kirchenvater Augustinus also nur törichte, sündhafte Arroganz!

Wenn man ein präzises Datum für das Ende der antiken Philosophie wählen müsste, dann wäre dies das Jahr 529 n. Chr., als Kaiser Justinian die nicht-christlichen philosophischen Schulen schließen ließ. Das bedeutete das Ende der platonischen Akademie in Athen, die etwa neunhundert Jahre bestanden hatte; im selben Jahr wurde in Italien das Kloster von Montecassino gegründet. Damit war der Sieg des Christentums über die zahlreichen konkurrierenden philosophischen Richtungen und religiösen Bewegungen für etwa tausend Jahre erreicht.

Die antike griechische Philosophie endete aber nicht mit den drei großen hellenistischen Schulen des Stoizismus, Epikureismus und Skeptizismus. Eine letzte originale Stimme erhob sich nämlich nach der Geburt Christi, jene von Plotin (205–270 n. Chr.) und seinen Anhängern, den sogenannten »Neuplatonikern«.

Diese Bezeichnung spiegelt die Tatsache wider, dass diese Philosophie ihren Anfang in einer bestimmten Interpretation der Philosophie Platons hat. In einer berühmten Stelle aus der *Politeia* vergleicht Platon die »Idee des Guten« mit der Sonne und scheint sie nicht als eine Idee unter anderen aufzufassen, sondern als den Ursprung allen Seins. So gibt Platon dem Leser zu bedenken, dass

> das Gute selbst [die Idee des Guten, P. B.] nicht das Sein ist, sondern noch über das Sein an Würde und Kraft hinausragt. (PO, 416)

Ausgehend von dieser Aussage Platons entwickeln die Neuplatoniker ein neues, originelles Weltbild. So wie das Licht aus der Sonne fließt, so fließen aus (1) einem ersten, alles Sein transzendierenden Prinzip (das »Eine«) alle seienden Dinge: zuerst (2) eine Art kosmischer Intellekt (der »Geist«), der die platonische Welt der Ideen als einheitliches Ganzes in sich enthält; danach (3) ein kosmisches Lebensprinzip (eine »Welt-Seele«), die alle natürlichen Dinge durchdringt und miteinander verbindet. Diese drei hierarchisch geordneten Stufen der Wirklichkeit (»Hypostasen«) bilden die erste, höchste Ebene der Wirklichkeit; unter ihnen steht, als letzte »Emanation« (Ausfluss) aus dem ursprünglichen Einen, (4) die materielle, sinnlich wahrnehmbare Welt.

Offensichtlich ist ein solches Weltbild dazu geschaffen, eher die religiösen Bedürfnisse der Menschen zu befriedigen als ihre intellektuelle Neugierde. Das Ziel des Lebens besteht für die Neuplatoniker nämlich in der Befreiung von den materiellen, irdischen Ketten, also in einem Rückzug unserer Seele von den Sinnen bis zur mystischen Ekstase, der rauschhaften Wiedervereinigung mit dem ursprünglichen Einen.

Diese abwertende Haltung gegenüber der Materie hat Plotin konsequent praktiziert. Sein Schüler Porphyrios (234–ca. 305 n. Chr.) hat das folgende Porträt des Meisters geliefert:

> Plotinos, der Philosoph, der zu meiner Zeit lebte, war die Art von Mann, die sich dessen schämt im Leibe zu sein; aus solcher Gemütsverfassung wollte er sich nicht herbeilassen etwas über seine Herkunft, seine Eltern oder seine Heimat zu erzählen. Einen Maler aber oder Bildhauer zu dulden wies er weit von sich, ja er erklärte dem Amelius [einem seinen Schüler, P. B.], der ihn um seine Einwilligung bat, dass ein Bild von ihm verfertigt werde: Es soll also nicht genug

> daran sein, das Abbild zu tragen, mit dem die Natur uns umkleidet hat, nein, du forderst, ich soll freiwillig zugeben, dass ein Abbild des Abbildes von mir nachbleibe, ein dauerhafteres, als sei dies Abbild etwas Sehenswertes! (PL, 1)

Da in der neuplatonischen genauso wie in der platonischen Vorstellung der materielle Körper nur eine unvollkommene Kopie einer ewigen »Idee« ist, erscheint es Plotin absurd, diese Kopie durch ein künstliches Abbild von ihr verewigen zu wollen. Und da in seiner Auffassung die menschliche Seele wie alle anderen Dinge letztlich aus dem Einen stammt, wäre es ebenfalls unsinnig, über den Geburtsort und die leiblichen Eltern Auskunft zu geben.

Der Aufstieg zum Einen ist in der mystischen Deutung der Neuplatoniker nichts anderes als die platonische Rückwendung, weg aus der »Höhle« des Körpers bis zur Verschmelzung mit dem allerersten Prinzip der Wirklichkeit. Dies soll Plotin mehrmals gelungen sein, wie von Porphyrios (der sich in der folgenden Stelle aber auf eine andere Quelle bezieht) berichtet wird:

> Hier ist also gesagt, dass er mild war und sanft und liebenswürdig und freundlich, was wir aus Augenschein bezeugen können; es ist ferner gesagt, dass er wachsam war ohne einzuschlafen, dass seine »Seele rein« war und dass er immer zum Göttlichen trachtete, nach dem er von ganzer Seele verlangte, dass er ferner alles tat, um loszukommen, »zu entrinnen der beißenden Woge« des »blutig mordenden« irdischen Lebens. So ist denn gerade diesem daimonischen [von einem starken *daimon* (Geist) belebten, P. B.] Manne »schon oft« [...] jener Gott erschienen, welcher keine Gestalt und keine Form hat [gemeint ist die erste Hypostase, P. B.] und oberhalb des Geistes und der ganzen geistigen Welt thront [gemeint ist die zweite Hypostase, P. B.], und von dem ich, Porphyrios, bekenne, dass ich ihm nur einmal nahe kommen und mich einen konnte; und ich stehe im achtundsechzigsten Jahr. [...] [W]ährend der Zeit aber, die ich bei ihm weilte, erlangte er dieses Ziel wohl viermal, vermöge seiner unsagbaren Kraft. (PL, 55)

Das ursprüngliche Prinzip aller Dinge wird hier als ohne Gestalt und Form beschrieben. Das muss es sein; wenn es wirklich jenseits allen weltlichen Seins ist, kann man ihm keine der Eigenschaften zuweisen, die weltliche Dinge besitzen. Gott lässt sich diskursiv nicht erfassen, man kann nur sagen, was er nicht ist, nicht aber, was er ist. (Man spricht diesbezüglich von einer

»negativen Theologie«; die Idee ist nicht neu und findet eine erste klare Formulierung bei Xenophanes, vgl. Kap. I.4.)

Obwohl der Neuplatonismus als eigenständige philosophische Schule verschwand, lebten viele seiner Gedanken in der christlichen Tradition weiter. Wenn es einen allmächtigen und guten Gott gibt, dies ein traditioneller Einwand gegen die christliche Vorstellung eines Schöpfers, wieso ist die irdische Welt so offensichtlich unvollkommen? Ausgehend von der neuplatonischen Vision einer Welt, die aus dem Einen so ausfließt wie das Licht aus einer Lichtquelle, behauptete der eingangs erwähnte Augustinus, dass das weltliche Übel keine positive Realität sei, die Gott geschaffen hat, sondern nur ein »Mangel an Sein«. Und wenn das Übel keine »positive« Realität hat, dann kann Gott nicht für seine Existenz verantwortlich gemacht werden. Wie befriedigend diese Antwort auf das traditionelle »Theodizee-Problem« auch sein mag: Sie liefert ein klares Beispiel für das Weiterwirken neuplatonischen Gedankenguts in der neuen, christlichen Epoche.

Das gilt allgemein für die antike Philosophie: Sie verschwindet nicht mit dem Sieg des Christentums, sondern wird selektiv übernommen. Denn auch das Christentum braucht die kritische, vernünftige Reflexion, einerseits um die eigenen Doktrinen genau zu erarbeiten, andererseits um diese gegenüber den heidnischen Schulen zu verteidigen. Der Glaube setzt der Philosophie allerdings Grenzen, die nicht ohne Risiko überschritten werden dürfen (der selbstsichere Ton Augustinus' in der zitierten Stelle spricht Bände und lässt Schlimmes erahnen).

So frei und unbeschwert, wie sie in ihrer zauberhaften Kindheit und frühen Jugend war – bei den Vorsokratikern etwa, in der Rebellion des Sokrates oder in den spielerischen Gedankenexperimenten Platons –, wird die Philosophie für lange Zeit nicht mehr sein können.

Man könnte fast sagen: Der »Mythos«, von dem sich die Philosophie seit dem 6. Jh. v. Chr. emanzipiert hatte, meldet sich im Mittelalter in einer neuen, aufdringlicheren Form zurück. Denn was ist die Bibel, wenn man sie sachlich betrachtet, anderes als eine neue, beeindruckende »Erzählung«?

Anhang

Hauptphasen der antiken Philosophie

Die Entwicklung der antiken Philosophie kann in fünf Hauptphasen gegliedert werden:

Die naturalistische Phase

Die Vorsokratiker:
Als »Geburtsdatum« der Philosophie gilt das Jahr 585 v. Chr., als Thales, der erste Philosoph, eine Sonnenfinsternis voraussagte. Im Zentrum der Spekulation der allerersten Philosophen steht die Frage nach dem Ursprung und der Beschaffenheit der empirisch wahrnehmbaren Welt. Die Debatte spitzt sich zu in der Auseinandersetzung zwischen Heraklit und Parmenides: Während Heraklit die Welt als im stetigen Wandel begriffen auffasst, ist sie für Parmenides ein einheitliches, unwandelbares Ganzes. Die nachfolgenden Philosophien versuchen, zwischen diesen zwei radikalen und zum Teil paradoxen Positionen zu vermitteln. Daraus entstehen erstaunlich moderne Auffassungen wie etwa Empedokles' Idee, dass alle natürlichen Phänomene auf der Basis einer beschränkten Anzahl von Elementen erklärt werden können, oder der Begriff des Atoms bei Leukipp und Demokrit.

In dieser Phase sind die wichtigsten Kulturzentren kleine, aber reiche Städte in den von den Griechen kolonialisierten Gebieten (das heutige Kleinasien und Süditalien), wie etwa Milet, Ephesos und Elea.

Die anthropologische Phase

Die Sophisten:
»Der Mensch ist das Maß aller Dinge« – so lautet Protagoras' berühmter Satz. Gemeint ist: Es gibt in ethischen Fragen keine universalen, objektiv gültigen Urteilskriterien. Was für die eine Kultur »schicklich« ist, kann für eine andere verwerflich sein. Ethische Fragen sind in dieser Auffassung nicht nur schwierig zu beantworten; sie haben keine richtige oder falsche Antwort. Damit wird das Primat der Rhetorik über die philosophische Suche nach der Wahrheit legitimiert: Wenn Begriffe wie Wahrheit und Falschheit in ethischen Debatten keine Rolle zu spielen haben, dann können die Beziehungen zwischen Menschen nur auf Überredung basieren. Weder Sokrates noch Platon werden diese Schlussfolgerung akzeptieren. Vor allem Platons abwertende Darstellung der Sophisten ist für ihren negativen Ruf als betrügerische »Wortverdreher« verantwortlich.

Mit dem ökonomischen und kulturellen Aufstieg zahlreicher griechischer Städte wächst die Anzahl der Bürger, die aktiv an der Politik teilnehmen wollen. Dazu sind rhetorische und juristische Kompetenzen unerlässlich. Das Bedürfnis nach Bildung wird gestillt von den Sophisten; diese wandern als erste professionelle (und das heißt auch: bezahlte) Lehrer von Stadt zu Stadt. Die größten unter den Sophisten, wie etwa Protagoras und Gorgias, sind als Philosophen ersten Rangs zu betrachten. Athen wird zum Zentrum der Philosophie.

Sokrates:
Das kritische Denken mag lästig sein, eine gerechte Gesellschaft kann darauf aber nicht verzichten. In der von Platon verfassten *Apologie* verteidigt sich Sokrates mit den folgenden Worten: »Wenn ihr mich [Sokrates] nämlich tötet, werdet ihr nicht leicht einen zweiten wie mich finden, welcher der Stadt geradezu vom Gott zugewiesen wurde, wie einem zwar edlen, aber wegen seiner Schwere etwas trägen Pferd, welches – ihr werdet vielleicht lachen über den Vergleich – von einer Stechfliege geweckt werden muss. So also scheint mir, hat der Gott mich der Stadt mit dem Auftrag zugewiesen, dass ich keinesfalls nachlasse, euch zu wecken, zu überzeugen und jedem einzeln Vorhaltungen zu machen, indem ich euch den ganzen Tag überall im Nacken sitze.« (AS, 45)

Obwohl Sokrates nichts geschrieben hat, gilt er als Musterbeispiel des wahren Philosophen. Als er im Jahr 399 v. Chr. im demokratischen Athen zum Tode verurteilt wurde, nahm er dies gelassen hin. Seine für die Athener ebenso beunruhigende wie faszinierende Tätigkeit bestand darin, auf dem Marktplatz durch geschickt gestellte Fragen die Unwissenheit seiner Mitbürger zu entlarven. Philosophische Naturen wussten dies zu schätzen, Sophisten und Mächtige waren hingegen irritiert. »Sokrates ist der Weiseste unter den Griechen«, soll das Orakel in Delphi gesagt haben. Die Tatsache, dass kaum jemand Sokrates' Fragen über die Natur des Guten, der Tugend oder des Schönen zu beantworten wusste, bestätigte für ihn die Wahrheit des delphischen Spruchs.

Die systematische Phase

Platon:
Platon hat seine Werke weder als Poeme verfasst noch als systematische Abhandlungen. Er hat die literarische Form des Dialogs gewählt, und zwar bewusst: Sie ermöglichte es ihm, das Denken auch schriftlich lebendig und vielschichtig zu halten. Die Gesprächspartner können eine Frage ganz unterschiedlich beantworten; ihre Argumente lassen sich sorgfältig und aus einer Vielzahl von Perspektiven besprechen; mutige, zunächst vielleicht auch befremdende Hypothesen können aufgestellt werden, ohne dass der Verfasser des Dialogs sich dafür rechtfertigen müsste; das Ergebnis des Gesprächs kann sogar, wie es bei Platon fast immer der Fall ist, offen bleiben, was in einer wissenschaftlichen Abhandlung schwer zu rechtfertigen wäre.

Da in den meisten Dialogen Platons ein mehr oder weniger fiktiver Sokrates das Gespräch leitet, kann man auch nie sicher sein, wie Platon selbst die gestellte Frage beantwortet hätte. Man mag dies irritierend finden, es ist aber an sich nicht wichtig: Denn jeder Dialog ist eine Einladung zum kritischen Selberdenken. Der Leser kann nicht erwarten, so Platons implizite Botschaft, in der Philosophie eine vorgefundene »Wahrheit« mitgeteilt zu bekommen – er selbst muss sie entdecken, aber nicht allein, sondern indem er sich aktiv an einer offenen Konversation beteiligt.

Von Sokrates' Beispiel intellektuell beeindruckt und von seinem Tod tief betroffen, widmet sich Platon der Suche nach einer endgültigen philosophischen Wahrheit, auf deren Basis ein vollkommener Staat errichtet werden kann. Die Welt teilt er in zwei verschiedene Bereiche, jenen der vergänglichen und wahrnehmbaren Dinge einerseits und jenen der ewigen, nur intellektuell zugänglichen »Ideen« – der Modelle oder Archetypen aller Dinge – andererseits. Nur wer die höchste aller Ideen, die Idee des Guten, erfasst hat, weiß, was gut ist für die Menschen und die Gesellschaft. Der ideale Staat, so Platons Utopie im Dialog *Politeia*, soll von »Philosophen-Königen« regiert werden. Ein ähnlicher Gedanke wird auch im siebten Brief formuliert: Die Menschheit wird nicht von ihrem Elend befreit sein, solange die Philosophen nicht Politiker werden oder die Politiker sich ernsthaft mit der Philosophie befassen, was allerdings – dies Platons nüchterne Feststellung – nur durch »eine göttliche Fügung« möglich sein wird. Im Höhlengleichnis kommen alle Themen und Anliegen der Platonischen Philosophie bildlich zum Ausdruck – in Form einer Allegorie, die die westliche Kultur bis heute prägt.

Aristoteles:
Nach zwanzigjährigem Studium in Platons Akademie begab sich der außerordentlich wissbegierige Aristoteles nach dem Tod seines Lehrers auf Forschungsreisen, bevor er selbst eine eigene konkurrierende Schule in Athen gründete, das Lykeion. Seine exoterischen (populären, allgemeinverständlichen) Schriften sind verloren gegangen. Überliefert sind die esoterischen Schriften, die für die Diskussionen innerhalb der Schule bestimmt waren. Diese sind nach dem Schema Logik, Physik, Metaphysik, Ethik und Politik gegliedert. Die Hauptthese der Philosophie Platons, die Existenz von transzendenten Ideen, lehnte Aristoteles ab. Alle natürlichen Dinge bestehen aus der Einheit der Grundprinzipien Form und Materie; Gott ist hingegen eine ewige, reine Form. Das Ziel des Lebens besteht in der Vervollkommnung des eigenen Intellekts, in der Teilnahme an der Politik und in der Bildung einer ausgeglichenen Persönlichkeit: Maßhalten ist das Beste.

Die ethische Phase

Die hellenistischen Schulen:
Der sogenannte »Hellenismus« ist eine Zeit der politischen Instabilität und der existenziellen Unsicherheit. Logik und Physik bilden einen zentralen Bestandteil der Philosophie; es sind aber lebensphilosophische Fragen, die in dieser Phase des Umbruchs in den Vordergrund rücken. Die in dieser Zeit verbreiteten Theorien über das Wesen des Glücks kreisen alle – wenn auch auf unterschiedliche Weise – um den Begriff der »inneren Ruhe«. Für die Epikureer besteht diese hauptsächlich in der Abwesenheit psychischer Schmerzen *(ataraxia)*; die Stoiker fassten sie als Leidenschaftslosigkeit auf *(apatheia)*; die Skeptiker als Ergebnis der Urteilsenthaltung *(epoché)*. Neben Athen werden Alexandria (Ägypten) und Rom die wichtigsten Zentren für die Philosophie.

Die religiöse Phase

Plotin und der Neuplatonismus:
Die letzte bedeutende Stimme der heidnischen Philosophie ist jene von Plotin, dessen Theorie eine originelle Interpretation der Philosophie Platons darstellt. Wie das Licht aus der Sonne, so »strömen« alle Dinge von einem einzigen Prinzip aus. Die ursprüngliche und stetig wirkende Einheit kann nicht diskursiv erkannt, sondern nur in einer mystischen Ekstase erfasst werden. Damit ist eine Form von Erkenntnis gemeint, in der die Unterscheidung zwischen Subjekt und Objekt aufgehoben ist. Die letzte Phase der antiken Philosophie wird vom Aufstieg des Christentums charakterisiert. Im römischen Reich zunächst bekämpft, wird es schließlich als Staatsreligion anerkannt. Als Ende der antiken Philosophie gilt die Schließung der nicht-christlichen Philosophenschulen durch Kaiser Justinian im Jahr 529 n. Chr.

Zeittafel

Aufgelistet sind nicht alle antiken Philosophen, sondern nur bedeutende Personen (Philosophen, Dichter, Regierende), die auch im Text erwähnt werden.

Homer	(8./7. Jh. v. Chr.)
Hesiod	(8./7. Jh. v. Chr.)
Thales	(6. Jh. v. Chr.)
Anaximander	(6. Jh. v. Chr.)
Anaximenes	(6. Jh. v. Chr.)
Heraklit	(6.–5. Jh. v. Chr.)
Parmenides	(6.–5. Jh. v. Chr.)
Melissos	(5. Jh. v. Chr.)
Empedokles	(5. Jh. v. Chr.)
Anaxagoras	(5. Jh. v. Chr.)
Leukipp	(5. Jh. v. Chr.)
Demokrit	(5. Jh. v. Chr.)
Protagoras	(5. Jh. v. Chr.)
Gorgias	(5.–4. Jh. v. Chr.)
Sokrates	(469–399 v. Chr.)
Platon	(428/7–348/7 v. Chr.)
Aristoteles	(384/3–322/1 v. Chr.)
Philipp II. von Makedonien	(ca. 382–336 v. Chr.)
Alexander der Große	(356–323 v. Chr.)
Epikur	(342/1–271/0 v. Chr.)
Zenon von Kition	(ca. 333–262 v. Chr.)
Chrysipp	(3. Jh. v. Chr.)
Pyrrhon von Elis	(ca. 365/360–275/270 v. Chr.)
Seneca	(ca. 4 v. Chr.–65 n. Chr.)
Epiktet	(ca. 50–138 n. Chr.)
Marc Aurel	(121–180 n. Chr.)
Sextus Empiricus	(2./3. Jh. n. Chr.)
Plotin	(205–270 n. Chr.)
Porphyrios	(234–ca. 305 n. Chr.)
Augustinus	(354–430 n. Chr.)
Justinian	(482–565 n. Chr.)

Glossar

Das folgende Glossar enthält knappe Erklärungen der im Text vorkommenden Fachbegriffe. Gelegentlich wird auch die Bedeutung von Wörtern erklärt, die zwar nicht zum philosophischen Vokabular gehören, aber im Alltag selten verwendet werden.

absolut: unabhängig von, losgelöst (lat. *ab* = von, *solutus* = gelöst) (siehe unten **relativ**).

abstrakt: Eine oder mehrere Eigenschaften verschiedener Individuen (z. B. verschiedener Menschen, Tische, Bäume) werden weggelassen, um eine allgemeine Vorstellung (z. B. Mensch, Tisch, Baum) zu gewinnen. Diese Vorstellung gilt als »abstrakt«, im Gegensatz zu den »konkreten« Individuen (lat. *ab* = von, *trahere* = ziehen).

Agora: Marktplatz einer griechischen Stadt; hier wurde verhandelt, aber auch heftig über öffentliche Angelegenheiten diskutiert.

Agrippas Trilemma: Jeder Versuch, eine These zu begründen, ist zum Scheitern verurteilt: **(1)** Wenn man eine These A durch eine zweite These B zu beweisen versucht, sieht man sich gezwungen, auch B zu beweisen; **(2)** wenn man die These A durch sich selbst beweist, hat man nichts bewiesen; **(3)** wenn man die Begründung willkürlich abbricht, bleibt die ganze Begründung unvollständig bzw. es ist keine Begründung geliefert worden.

***aisthesis*:** Sinnliche Wahrnehmung. Daraus leitet sich das Wort »Ästhetik« ab, mit dem in der Philosophie die Theorie der sinnlichen Erfahrung bezeichnet wird.

Aither und Hemer: Der Sohn und die Tochter der Nacht; in Hesiods *Theogonie* repräsentieren sie das Licht und den hellen Tag.

Akademie: Platons Schule, die sich in der Nähe der Gedenkstätte für den griechischen Helden Akademos befand.

Akademischer Skeptizismus: Moderate Form der Skepsis, die sich innerhalb der platonischen Schule entwickelt hat. Die Akademiker behaupten, **(1)** dass es kein sicheres Wissen gibt, **(2)** dass nicht alle Meinungen gleich wahrscheinlich sind.

Analogie: Vergleich, Gleichnis.

Anamnese: Erinnerung, Wiedererinnerung. Die von Platon vertretene Doktrin, dass die Ideen in einem früheren Leben erkannt wurden; durch ein geeignetes Frage-Antwort-Spiel kann ihre Erkenntnis reaktiviert werden.

Anekdote: Kurze und oft witzige Geschichte über eine Person.

angeboren: Vorstellungen oder Erkenntnisse, die nicht aus der Erfahrung stammen und schon bei der Geburt in der Seele eines Menschen sein müssen. Platon glaubt an die Existenz angeborener Erkenntnisse.

***ante litteram*:** »Vor der Bezeichnung«: Ein »Aufklärer ante litteram« war Aufklärer schon zu einer Zeit, in der es die Bezeichnung »Aufklärer« noch nicht gab.

Anthropologie: Das Studium der menschlichen Natur, die Lehre vom Menschen (*anthropos* = Mensch, *logos* = Theorie).

Anthropomorphismus: Die Auffassung der Götter nach dem Modell des Menschen. Die Götter der griechischen Mythologie haben nicht nur ein menschliches Aussehen, sondern auch menschliche Wünsche, Gefühle, Gedanken und Schwächen (*anthropos* = Mensch, *morphé* = Form).

Antinomie: Widerspruch. Zwei Sätze, die das Gegenteil behaupten und daher nicht gleichzeitig wahr sein können.

***apatheia*:** Leidenschaftslosigkeit.

apeiron*:** Das Unendliche, das Grenzenlose, das Unbestimmte. So nennt Anaximander das Urprinzip (siehe unten ***arché) aller Dinge (*a* = ohne, *peras* = Grenze).

Apelles: Einer der bedeutenden Maler Griechenlands und Zeitgenosse Alexanders des Großen.

Aphorismus: Kurzer Text in Prosa, der auf prägnante Weise eine Lebensweisheit oder eine tiefgründige Einsicht ausdrückt.

Apologie: Verteidigungsrede. Titel einer Schrift Platons, in der Sokrates' Verteidigungsrede vor seiner Verurteilung wiedergegeben wird.

***aponia*:** Abwesenheit von physischen Schmerzen.

***aporia*:** Verlegenheit, Ausweglosigkeit (*a* = ohne, *poros* = Durchgang).

apraxia*:** Verlust der Handlungsfähigkeit. Da der Skeptiker sich jedem Urteil entzieht (s. unten ***epoché), stellt sich die Frage, wie er die für das Leben notwendigen Entscheidungen treffen kann.

***arché*:** Urgrund, Prinzip, erste Ursache, leitende Macht, Autorität. Daraus stammen die Worte »Archäologie« (Untersuchung der ersten Anfänge),

»Archetyp« (Ur-Modell) und »Anarchie« (Abwesenheit einer leitenden Autorität, *a* = ohne).

***areté*:** Tugend, Vollkommenheit, Vortrefflichkeit. Aristoteles unterscheidet zwischen ethischen Tugenden (idealen Eigenschaften des Charakters) und dianoetischen Tugenden (idealen Eigenschaften des Intellekts).

aristokratisch: adlig.

asketisch: entsagend, auf Genuss verzichtend.

ataraxia*:** Seelenruhe; Abwesenheit von psychischen Schmerzen. Nach Sextus ist dies das unerwartete Ergebnis der Urteilsenthaltung (s. unten ***epoché).

Atom: Atome sind in der Philosophie von Leukipp und Demokrit die kleinsten Bausteine der Wirklichkeit. Sie haben keine Teile und sind daher kompakt und unzerstörbar (*atomos* = unteilbar, ungeteilt).

autark: selbstgenügsam, sich selbst genügend. Nach Aristoteles kann nur Gott völlig autark sein (*autos* = selbst, *arkein* = ausreichen).

***bios*:** Leben, Lebensform. Nach Aristoteles gibt es zwei gute Lebensformen, das kontemplative (philosophische) Leben einerseits, das praktische (politische) Leben im Stadtstaat andererseits. Alle anderen Lebensformen (z. B. das Leben für den Genuss oder für das Geld) sind eines Menschen unwürdig.

Chaos: Gähnende Leere, Abgrund, Nichts. Der rätselhafte Grund, aus dem nach Hesiod alle Dinge entstanden sind.

Demokratie: Staatsform, in der das Volk (*demos*) die Macht (*kratos*) hat.

Diallele: Zirkelschluss. Es handelt sich um ein unzulässiges Argumentationsmuster, bei dem die Wahrheit der Konklusion in mehr oder weniger versteckter Form in den Prämissen vorausgesetzt wird (lat. *circulus vitiosus*).

Dianoia: Denken, Denkkraft. Die Eigenschaften eines vollkommenen Intellekts werden von Aristoteles *dianoetische* Tugenden genannt (siehe oben ***areté***).

Dike: Göttin, die die Gerechtigkeit personifiziert.

Dilemma (falsches): Fehlerhafte Argumentation, deren scheinbare Kraft darin besteht, dass eine Alternative systematisch ausgeblendet wird.

Disput: Streitgespräch.

Dogma: Lehrsatz; These oder Doktrin, die man für wahr hält und die für ihre Vertreter derart wichtig ist, dass sie darüber keinen Zweifel dulden.

Dogmatiker: Philosoph, der eine bestimmte Lehre vertritt. Als dogmatisch bezeichnen die Skeptiker alle anderen philosophischen Denkrichtungen.

Umgangssprachlich ist ein Dogmatiker eine Person, die starr an einer bestimmten Meinung festhält.

Doktrin: Lehre.

***doxa*:** Meinung; was die meisten Menschen auf der Basis ihrer Erfahrung von der Wirklichkeit halten.

Doxographie: Das Sammeln von Meinungen berühmter Philosophen. Diogenes Laertius' *Leben und Meinungen berühmter Philosophen* (ca. 220 n. Chr. verfasst) ist eine der wichtigsten Quellen über die antike Philosophie (*doxa* = Meinung, *graphein* = schreiben).

Dualismus: Die Lehre, dass es Körperliches und Geistiges als zwei verschiedene Prinzipien gibt. Auf den Menschen angewandt: die Lehre, dass Leib und Seele zwei grundverschiedene Prinzipien sind.

Ekstase: Besonderer psychischer und intellektueller Zustand des »Außer-sich-seins«; nach den Neuplatonikern wird er erreicht, wenn man sich mit dem Urprinzip vereinigt.

elitär: nur für wenige Auserlesene.

Emanation: Ausfluss. So wie das Licht aus einer Lichtquelle »herausfließt«, so fließen für die Neuplatoniker alle Dinge aus einem göttlichen Urprinzip.

Empirisch: Auf der Erfahrung basierend (*empeiria* = Erfahrung).

Epikureer: Anhänger der Schule Epikurs; »Genussmensch«. Diese zweite, umgangssprachliche Bedeutung entspricht Epikurs Lehre allerdings nicht; sie ist dieser sogar entgegengesetzt.

***epoché*:** Urteilsenthaltung. Als der Skeptiker merkt, dass es ihm nicht möglich ist, Wahres von Falschem zu unterscheiden, verzichtet er auf das Urteilen.

Erebos: Personifikation der Finsternis und ein Kind des Chaos.

***ergon*:** Funktion. Nach Aristoteles haben nicht nur Gegenstände (wie z. B. ein Messer) eine Funktion, sondern auch der Mensch: Diese besteht in der korrekten Betätigung der Vernunft.

Erkenntnistheorie: Die systematische Reflexion über die menschliche Erkenntnis. Ihre Hauptfragen sind: Was ist Erkenntnis? Wie kommt sie zustande? Worin liegen ihre Grenzen?

Eristik: Die Kunst der Überredung oder Streittechnik; dabei geht es lediglich um den Sieg in einer Debatte, wenn nötig auch mit unredlichen argumentativen Mittel. Man kann die Eristik als eine Degeneration der Rhetorik, der Kunst des schönen Redens, auffassen.

Eros: Gott der Liebe bzw. des sexuellen Begehrens. Zusammen mit Gaia ist er der erste Gott, der in Hesiods *Theogonie* aus dem Chaos/Nichts entsteht.

esoterisch: So werden jene Schriften des Aristoteles genannt, die nur für den Gebrauch innerhalb der Schule bestimmt waren. Die populären, für eine breite Leserschaft verfassten Schriften heißen hingegen »exoterisch«.

Ethos: Charakter, Gewohnheit. Die Eigenschaften des guten Charakters werden von Aristoteles *ethische* Tugenden genannt (siehe oben ***areté***).

Etymologie: Wortherkunft.

***eudaimonia*:** Glück, Glückseligkeit. Dies ist der grundlegende Begriff der antiken Ethik (*eu* = gut, *daimon* = Geist; wörtlich: »von einem guten Geist beseelt sein«).

Fehlschluss: Fehler in der Ableitung einer Konklusion.

Form: In der Philosophie von Aristoteles: Das, was ein Ding *wesentlich* ausmacht.

Fragment: Überlieferte Passage aus einem verlorengegangenen Text.

Gaia: Zusammen mit Eros ist sie die erste Göttin, die in Hesiods *Theogonie* aus dem Chaos/Nichts entsteht. Sie personifiziert die Erde.

Gymnosophisten: »Nackte Weise«; Bezeichnung für indische Yogis und Asketen zur Zeit Alexanders des Großen (*gymnós* = nackt, *sophia* = Wissen).

***hedoné*:** Lust.

Hedonismus: Die Überzeugung, dass die Glückseligkeit in der Lust besteht.

Heliaden: Die in Parmenides' Lehrgedicht erwähnten Töchter des Sonnengottes Helios, die ihn auf seiner Forschungsreise jenseits der alltäglichen Welt begleiten.

Hellenisierung: Die Verbreitung der griechischen Kultur in den von Alexander dem Großen eroberten orientalischen Ländern.

Hellenismus: Zeit zwischen dem Tod Alexanders des Großen (323 v. Chr.) und der Eroberung Ägyptens durch Octavian (30 v. Chr.).

Höhlengleichnis: Platons bekanntestes Gleichnis: Gefesselte Menschen sitzen in einer unterirdischen Höhle; ein hochgelegenes Feuer projiziert Schatten auf die Wände, die sie aber für reale Dinge halten. Ein Mensch entkommt aus der Höhle und sieht die reale Welt. Als er zurückkommt, um seine Mitmenschen zu befreien, wird er heftig verspottet und womöglich sogar umgebracht.

Homo-Mensura-Satz: Protagoras' Satz »Der Mensch ist das Maß aller Dinge«, der als erste Formulierung des Relativismus gilt.

Hylemorphismus: Aristoteles' Auffassung eines Dings als eine Einheit von Materie *(hylé)* und Form *(morphé)*.

Hypostase: Die fundamentale (»darunter liegende«) Realität, die alles andere stützt. Die Neuplatoniker postulieren eine Hierarchie von drei Hypostasen (das Eine, der Geist, die Welt-Seele) als Basis für die Welt.

Idee: In der Philosophie Platons sind die Ideen die vollkommenen Modelle aller empirischen Dinge (*eidos* = Form, Gestalt, Wesen).

immanent: innewohnend (Gegenteil von »transzendent«).

intelligibel: Nur mit dem Denken (lat. *intellectus*) erfassbar.

***isostheneia*:** Gleichwertigkeit entgegengesetzter Argumentationen. Die (vermeintliche) Einsicht, dass keine Streitfrage lösbar ist, führt die Skeptiker zu der befreienden Entscheidung, auf alle Meinungen zu verzichten, und somit schließlich zur Seelenruhe.

Kepos: Garten. Bezeichnung für Epikurs Schule, die sich außerhalb der Stadtmauern Athens befand.

Konformismus: Anpassung an die gängige Meinung und Lebensweise.

konkret: Das Gegenteil von **abstrakt** (siehe oben); ein Ding, so betrachtet, wie es tatsächlich ist, d. h. unter Berücksichtigung aller seiner Eigenschaften.

Kontemplation: Betrachtung (siehe unten ***theoria***).

Konversion: Umkehrung. Nach Platon verlangt die Bildung eine radikale Umkehrung des Menschen, in Richtung der Welt der Ideen und weg von der trügerischen, aber verlockenden Welt der sinnlichen Wahrnehmung.

Kosmogonie: Eine Theorie über die Entstehung des Universums (*kosmos* = Welt, *genesis* = Geburt, Entstehung).

Kosmologie: Eine Theorie über die Beschaffenheit des Universums (*kosmos* = Welt, *logos* = Denken, Theorie).

Kosmopolitismus: Die Vorstellung, dass die ganze Welt die Heimat eines Menschen ist bzw. dass der Mensch ein Weltbürger ist (*polis* = Staat, Stadt, *kosmos* = Universum).

Kosmos: Die Welt, als strukturiertes und daher auch schönes System verstanden. (Daraus leitet sich das Wort »Kosmetik« ab: Nur wer »geordnet« ist, ist auch »schön«.)

Kriterium: Unterscheidungsmerkmal. Die Skeptiker wissen nicht, ob es ein Wahrheitskriterium gibt. Dies macht sie prinzipiell urteilsunfähig.

Kronos: Personifizierung der Zeit und Sohn von Gaia (Erde) und Uranos (Himmel). Als er seinen Vater entmannt, zieht sich der Himmel von der

Erde zurück. Damit entsteht ein leerer Raum, in dem Kronos (die Zeit) nun regieren kann.

kryptisch: geheimnisvoll, mysteriös, schwer verständlich.

Kulturrelativismus: Die im anonymen Text *Dissoi Logoi* vorgetragene sophistische Lehre, dass Wertvorstellungen stets in einer bestimmten Kultur entstanden sind und daher keine allgemeine Gültigkeit besitzen können.

Lykeion: Bezeichnung der Schule Aristoteles'.

Mäeutik: Sokrates' typisches Frage-Antwort-Spiel. Sokrates (der selbst Sohn einer Hebamme war) vergleicht diese Kunst mit jener einer Hebamme: Beide helfen jemand anderem, etwas ans Licht zu bringen. In der Interpretation Platons handelt es sich dabei um jene angeborene Wahrheit, die wie vergessen in der Seele des Gesprächspartners liegt.

Mesotes: Mitte. Nach Aristoteles' *Mesotes*-Lehre ist die Tugend immer die richtige Mitte zwischen zwei Extremen.

metaphysisch: übernatürlich, jenseits des Natürlichen (*meta* = über/nach, *physis* = Natur).

Metaphysik: So heißen die Schriften des Aristoteles, die in der ersten Ausgabe nach jenen zur Physik eingeordnet wurden. Gemeint ist auch eine Wissenschaft, die sich mit übernatürlichen Wirklichkeiten befasst.

Metempsychose: Wiedergeburt.

Monismus: (a) Die Auffassung, dass die Grundelemente der Welt alle *gleicher Art* sind (in diesem Sinn ist der antike Atomismus eine Form von Monismus). **(b)** Die Auffassung, dass die ganze Wirklichkeit *eine Einheit* ist (in diesem Sinn ist die Theorie des Parmenides eine Form von Monismus).

Monotheismus: Der Glaube, dass es nur einen Gott gibt (*monos* = ein, *theos* = Gott).

Musen: Die neun Töchter von Zeus und Mnemosyne (Gedächtnis). Hesiod begegnet ihnen am Anfang der *Theogonie*; sie machen sich über ihn lustig, inspirieren ihn aber auch zu seinem Poem.

Mythos: Erzählung, sagenhafte Geschichte.

Negative Theologie: Die Vertreter einer negativen Theologie gehen davon aus, dass Gott radikal anders sei als alles, was wir erfahren können. Über Gott lassen sich also keine positiven Aussagen machen: Man kann ihn nur indirekt beschreiben, indem man sagt, was er *nicht* ist.

Neuplatonismus: Die letzte bedeutende philosophische Denkrichtung der Antike. Die Neuplatoniker verstanden sich jedoch weniger als eigenständige Denker als vielmehr als authentische Nachfolger Platons und Interpreten seiner Philosophie. Die Bewegung übte einen großen Einfluss auf das christliche Denken aus.

Nominalismus: Die Lehre, dass allgemeine Wesenheiten oder Formen (wie etwa die Form *Tisch* oder *Pferd*) nicht wirklich existieren. Dabei handelt es sich um bloße Namen (die Wörter »Tisch« oder »Pferd«).

Oligarchie: Herrschaft von wenigen. Nach Platon ist dies eine Verfallform der besten Regierung, in der die Philosophen-Könige herrschen (*oligos* = wenig, klein).

Ontologie: Die Wissenschaft vom »Seienden als Seiendem« (aus *ontos* = Sein).

panhellenisch: ganz Griechenland betreffend (*pan* = alles, *Hellas* = Griechenland).

***panta rhei*:** »Alles fließt«; dies ist der bekannteste Satz des Heraklit, der in dieser Form aber nicht überliefert ist.

Pantheismus: Die Vorstellung, dass Gott und die Welt dasselbe sind bzw. dass Gott in der ganzen Welt als ein inneres Prinzip präsent ist (*pan* = alles, *theos* = Gott).

Paradox: Eine These, die gegen die übliche Meinung verstößt und daher absurd erscheint. Oft auch als Synonym von Widerspruch verwendet (*para* = neben/gegen, *doxa* = Meinung).

Peripatos: Weitere Bezeichnung der Schule Aristoteles'.

Philosophie: Liebe zur Weisheit, Streben nach Erkenntnis (*philein* = lieben/streben nach, *sophia* = Weisheit/Wissen).

***phronesis*:** praktische Klugheit. Diese dianoetische Tugend (siehe oben) ist für die Praxis unentbehrlich.

Pluralismus: Die Theorie, dass es viele Dinge gibt bzw. dass die Welt aus verschiedenen Elementen besteht.

Polemik: Scharfer Meinungsstreit, aggressive Debatte (*pólemos* = Krieg).

polemisch: übertrieben kritisch, aggressiv, feindselig.

***polemos*:** Krieg. Daraus leitet sich das Wort »Polemik« ab: In einer Polemik versucht man den Gegner mit mehr oder weniger aggressiven rhetorischen Mittel zu überreden.

***polis*:** Stadtstaat. Im klassischen Zeitalter die grundlegende soziale Einheit, in der sich das Leben eines Individuums abspielt. (Daraus leitet sich das Wort »Politik« ab.)

Polytheismus: Der Glaube, dass es viele Götter gibt (*polys* = viele, *theoi* = Götter).

projizieren: hineinwerfen, übertragen. Nach Xenophanes sind die traditionellen Gottesvorstellungen »Projektionen« unserer menschlichen Natur (siehe oben **Anthropomorphismus**).

Psyche: Seele. Diese besteht nach Platon aus drei Teilen: aus der Vernunft, dem Willen und den Trieben; deren harmonische Koexistenz unter der Leitung der Vernunft ist stets anzustreben, aber nicht leicht zu erreichen.

Rationalist: (a) In einem *breiteren* Sinn: Philosoph, der an die Macht der menschlichen Vernunft (lateinisch *ratio*) glaubt. **(b)** In einem *engeren* Sinn: Philosoph, der die Vernunft als die *einzige* Quelle der Erkenntnis ansieht. (Heraklit ist ein »Rationalist« im ersten Sinn, Parmenides im zweiten).

Realismus: Die dem Nominalismus entgegengesetzte Lehre, dass allgemeine Formen real sind. Nach Platon sind dies die Ideen, die getrennt von den natürlichen, empirischen Dingen der Alltagswelt existieren. Nach Aristoteles existieren die Formen dagegen in den Dingen, also nicht von diesen getrennt.

***reductio ad absurdum*:** Demonstratives Vorgehen, bei dem die Falschheit einer These dadurch bewiesen wird, dass sie absurde Konsequenzen hat (entweder weil diese Konsequenzen widersprüchlich sind oder weil sie mit der alltäglichen Erfahrung nicht zu vereinbaren sind).

***regressus ad infinitum*:** Endlose Reihe. Die Frage, ob ein bestimmtes Wahrheitskriterium gültig ist, kann nach Sextus nur mit Hilfe eines zweiten Kriteriums beantwortet werden. Man gelangt in einen Regress, sobald man sich fragt, ob dieses zweite Kriterium selbst gültig ist oder nicht, denn diese Frage kann nur anhand eines dritten Kriteriums beantwortet werden, und so weiter.

relativ: abhängig von (siehe oben **absolut**).

resignativ: aufgebend.

Rheia: Tochter von Gaia und Uranos; zugleich Schwester und Frau von Kronos.

Rhetorik: Redekunst; die Kunst der schönen, überzeugenden Rede. Bei den Sophisten, so wie diese von Platon dargestellt werden, ist die Rhetorik eine unehrliche Kunst: Sie zielt auf Überredung, nicht auf Wahrheit (siehe oben **Eristik**).

Skepsis: Suche, Untersuchung, Prüfung. »Die skeptische Schule,« so Sextus, »wird auch die ›suchende‹ genannt nach ihrer Tätigkeit im Suchen und Spähen.« (PS, 94)

Skeptizismus: Eine Haltung des ständigen Zweifelns; die Bezeichnung einer bestimmten philosophischen Ausrichtung.

Sophisten: Die ersten bezahlten Lehrer; sie zogen von Stadt zu Stadt, um jüngeren Menschen vor allem jenes Wissen beizubringen, das für eine politische Karriere wichtig war. Dazu zählte auch die Rhetorik, die Kunst des erfolgreichen Redens. Das Wort »Sophist« bedeutet »Sachkundiger«, »Experte« (*sophia* = Wissen). Heute bedeutet es vor allem »Wortverdreher«, auch wegen der negativen Darstellung, die Platon von den Sophisten gegeben hat.

Staunen: Darin liegt für Platon und Aristoteles der Anfang der Philosophie.

Stoa: Säulenhalle. Bezeichnung der Schule Zenons von Kition, dessen Anhänger kein eigenes Gebäude besaßen und sich in Athen bei einer bunten Säulenhalle in der Nähe des zentralen Marktplatzes trafen.

Substanz: Das echte oder wahre Seiende. Substanzen sind nach Aristoteles einerseits Einzeldinge, weil sie ontologische Referenzpunkte für anderes Seiendes (z. B. Eigenschaften und Relationen) sind. Andererseits betrachtet er auch Formen als Substanzen, weil sie den Einzeldingen eine bestimmte Beschaffenheit verleihen.

Synkretismus: Die Verschmelzung von Inhalten aus verschiedenen Kulturen (*syn* = zusammen).

Teilhabe: In der Philosophie von Platon die Beziehung zwischen einem empirischen Einzelding und einer Idee. Ein bestimmtes Stück Holz ist *Holz*, weil es an der allgemeinen *Idee* Holz teilhat.

teleologisch: Die Auffassung, dass es Ziele in der Natur gibt.

***telos*:** Ziel, Zweck. Nach Aristoteles' teleologischer Auffassung der Wirklichkeit streben alle Dinge nach einem von der Natur gegebenen Ziel; es gehört z. B. zum Wesen einer Raupe, dass sie zum Schmetterling wird.

Theismus: Der Glaube, dass Gott existiert (die entgegengesetzte Position ist der Atheismus; *a* = ohne, *theos* = Gott).

Theodizee-Problem: Das Problem der Rechtfertigung Gottes angesichts der Existenz des Bösen in der Welt: Wenn Gott zugleich allmächtig, allwissend und barmherzig ist, wieso gibt es so viel Leid? Die Frage ist eine Herausforderung für jede monotheistische Religion (*theos* = Gott, *dike* = Gerechtigkeit).

Theogonie: Hesiods Buch, in dem die Geburt der Götter beschrieben wird (*theos* = Gott, *genesis* = Geburt).

***theoria*:** Schau, Kontemplation. Darin besteht nach Aristoteles der Sinn des Lebens; die der Theorie gewidmete Lebensweise ist für ihn die beste aller möglichen.

***theos*:** Gott (daraus leitet sich das Wort »Theologie« ab, Lehre von Gott).

transzendent: In einem »Jenseits« existierend, eine »Grenze« überschreitend; gemeint sind in der Regel die Grenzen der sinnlichen Erfahrung. (Kant wird später das Wort »transzendental« prägen; die zwei Begriffe sind nicht gleichzusetzen.)

Tropus (Plural: Tropen): Argumentationskette. Die Skeptiker sammelten Argumentationen für oder gegen eine bestimmte These, aber nicht mit dem Ziel, eine Frage zu beantworten, sondern um den Fragenden in Verlegenheit zu bringen und damit das Erlebnis des »Innehaltens« zu ermöglichen bzw. den Zustand der Urteilsenthaltung hervorzurufen.

Tugendethik: Richtung der Ethik, die sich mit der Frage nach den guten Charakterzügen beschäftigt. Im Zentrum steht hier nicht die Frage, welche Art von Handlungen »gut« sei oder welche »Pflichten« man zu erfüllen habe, sondern was für eine Person man werden soll.

Universalismus: Der Glaube an objektiv gültige moralische Normen, die für alle Menschen gelten, unabhängig von ihrer Kultur (lat. *universalis* = allgemein).

Ursachen (Theorie der vier Ursachen): Nach Aristoteles kann man ein Ding nur dann verstehen, wenn man seine »Ursachen« *(aitiai)* kennt. Es gibt vier Arten von Ursachen: **(1)** Materie (dieser Gegenstand ist aus Holz); **(2)** Form (dieser Gegenstand ist ein Tisch); **(3)** Wirkursache (der Tisch ist von einem Tischler gemacht worden); **(4)** Zweckursache (der Tisch ist gemacht worden, damit man daran essen kann).

Widerspruch, Satz vom (zu vermeidenden): Das Prinzip, das keine wahre Aussage sich widersprechen kann.

Zeus: Sohn von Kronos und dessen Schwester Rheia. Er rebelliert gegen den Vater, genauso wie dieser sich gegen seinen Vater Uranos gewehrt hatte.

***zoon politikon*:** Soziales, politisches Tier. So fasst Aristoteles den Menschen auf. Ohne Gesellschaft kann nur ein Gott leben – oder ein Tier.

Abkürzungen

AP *Die Anfänge der abendländischen Philosophie. Fragmente und Lehrberichte der Vorsokratiker.* Eingeleitet von Ernst Howald, übertragen von Michael Grünwald. Zürich: Ex Libris, 1970.

AS Platon, *Apologie des Sokrates.* Übersetzt und kommentiert von Rafael Ferber. München: Beck, 2011.

EB Epikur, *Brief an Menoikeus.* In: *Von der Überwindung der Furcht.* Übersetzt von Olof Gigon. Zürich: Artemis, 1983 (S. 100–105).

BM Augustinus, *Brief an Macedonius.* In: *Des heiligen Kirchenvaters Aurelius Augustinus ausgewählte Briefe.* Band 2. Übersetzt von A. Hoffmann. München: Kösel, 1917.

HM Epiktet, *Handbüchlein der Moral.* Übersetzt von Kurt Steinmann. Stuttgart: Reclam, 2014.

LM Diogenes Laertius, *Leben und Meinungen berühmter Philosophen.* Übersetzt von Otto Apelt unter Mitarbeit von Hans Günter Zekl; neu herausgegeben von Klaus Reich. Hamburg: Meiner, 2015.

ME Platon, *Menon.* Übersetzt und herausgegeben von Margarita Kranz. Stuttgart: Reclam, 1994.

MP Aristoteles, *Metaphysik.* Übersetzt von Hermann Bonitz; neu herausgegeben von Ursula Wolf. Reinbek bei Hamburg: Rowohlt, 2005.

MS Marc Aurel, *Selbstbetrachtungen.* Übersetzt von H. M. Endres. München: Goldmann, 1961.

NE Aristoteles, *Nikomachische Ethik.* Übersetzt und herausgegeben von Ursula Wolf. Reinbek bei Hamburg: Rowohlt, 2006.

PA Platon, *Parmenides.* Übersetzt und herausgegeben von Ekkehard Martens. Stuttgart: Reclam, 1987.

PH Platon, *Phaidon.* In: *Sämtliche Werke.* Band 2. Übersetzt von Friedrich Schleiermacher; neu herausgegeben von Ursula Wolf. Reinbek bei Hamburg: Rowohlt, 2011.

PL Porphyrios, *Über Plotins Leben und über die Ordnung seiner Schriften.* In: *Plotins Schriften,* Band V^{c}. Übersetzt von Richard Harder. Hamburg: Felix Meiner, 1958.

PO Platon, *Politeia.* In: *Sämtliche Werke.* Band 2. Übersetzt von Friedrich Schleiermacher; neu herausgegeben von Ursula Wolf. Reinbek bei Hamburg: Rowohlt, 2011.

PR Whitehead, Alfred North, *Prozess und Realität. Entwurf einer Kosmologie* [1929]. Übersetzt von Hans Günter Noll. Frankfurt a. M.: Suhrkamp, 1979.

PS Sextus Empiricus, *Grundriss der pyrrhonischen Skepsis.* Eingeleitet und übersetzt von Malte Hossenfelder. Frankfurt a. M.: Suhrkamp, 1985.

PT Aristoteles, *Politik.* Übersetzt und herausgegeben von Olof Gigon. München: dtv, 1996.

SB Platon, *Der siebente Brief.* Übersetzt von Ernst Howald. Stuttgart: Reclam, 1964.

SE Parmenides, *Über das Sein.* Übersetzt von Jaap Mansfeld. Stuttgart: Reclam, 1981.

SO *Die Sophisten.* Übersetzt und herausgegeben von Thomas Schirren und Thomas Zinsmaier. Stuttgart: Reclam, 2003.

ST *Die Philosophie der Stoa: Ausgewählte Texte.* Übersetzt und herausgegeben von Wolfgang Weinkauf. Stuttgart: Reclam, 2001.

TH Hesiod, *Theogonie.* Übersetzt und herausgegeben von Otto Schönberger. Stuttgart: Reclam, 1999.

TT Platon, *Theaitetos.* In: *Sämtliche Werke.* Band 3. Übersetzt von Friedrich Schleiermacher; herausgegeben von Burghard König. Reinbek bei Hamburg: Rowohlt, 2010.

VO *Die Vorsokratiker.* Ausgewählt, übersetzt und erläutert von Jaap Mansfeld und Oliver Primavesi. Stuttgart Reclam, 1983.

WO Aristophanes, *Die Wolken.* Übersetzt und herausgegeben von Niklas Holzberg. Stuttgart: Reclam, 2014.

Einführende und weiterführende Literatur

Wer sich ernsthaft mit der antiken Philosophie befassen will, kommt nicht umhin, sich mit den Originaltexten zu beschäftigen. Die Auseinandersetzung mit den Klassikern ist jedoch nicht leicht und erfordert einiges von den Leserinnen und Lesern, sowohl an Ausdauer als auch an Vorkenntnissen. Die Parallellektüre eines guten Kommentars oder einer monographischen Studie ist daher unentbehrlich. Um den Text nicht zu beschweren, habe ich auf Fußnoten fast gänzlich verzichtet; die folgenden Bücher sind mir beim Verfassen dieser Einführung besonders hilfreich gewesen.

Ackrill, John L. (1981). *Aristotle the Philosopher.* Oxford: Oxford University Press.

Angeles, Peter A. (1981). *Dictionary of Philosophy.* New York: Barnes & Noble Books.

Annas, Julia (1981). *An Introduction to Plato's Republic.* Oxford: Oxford University Press.

Arendt, Hannah (2016). *Sokrates. Apologie der Pluralität.* Berlin: Matthes & Seitz.

Bächli, Andreas und Graeser, Andreas (2000). *Grundbegriffe der Philosophie.* Stuttgart: Reclam.

Berti, Enrico (2006). *Struttura e significato della »Metafisica« di Aristotele.* Roma: Università della Santa Croce.

Birnbacher, Dieter (2013). *Analytische Einführung in die Ethik.* Berlin: De Gruyter.

Buxton, Richard (2005). *Das große Buch der griechischen Mythologie.* Stuttgart: Theiss.

Colli, Giorgio (1980). *La sapienza greca: Eraclito.* Milano: Adelphi.

Damschen, Gregor und Schönecker, Dieter (2012). *Selbst Philosophieren. Ein Methodenbuch.* Berlin: De Gruyter.

Figal, Günter (1995). *Sokrates.* München: C. H. Beck.

Flashar, Hellmut (2020). *Hellenistische Philosophie.* Wien: Passagen.

Fox, Robin L. (2013). *Alexander der Große: Eroberer der Welt.* Reinbek bei Hamburg: Rowohlt.

Friedell, Egon (1949). *Kulturgeschichte Griechenlands: Leben und Legende der vorchristlichen Seele.* Zürich: Phaidon.

Fröhlich, Günter (2015). *Platon und die Grundfragen der Philosophie.* Göttingen: Vandenhoeck & Ruprecht.

Gabriel, Markus (2008). *Antike und moderne Skepsis. Zur Einführung.* Hamburg: Junius.

Gadamer, Hans-Georg (1996). *Der Anfang der Philosophie.* Stuttgart: Reclam.

Gaskin, John (2013). *Wo Thales in den Brunnen fiel. Ein philosophischer Reiseführer in die Antike.* Darmstadt: Primus.

Gehrke, Hans-Joachim (2009). *Alexander der Große.* München: C. H. Beck.

Gigon, Olof (1979). *Sokrates: Sein Bild in Dichtung und Geschichte.* Bern: A. Francke.

Gloy, Karen (2017). *Die Frage nach der Gerechtigkeit.* München: Wilhelm Fink.

Graeser, Andreas (1983). *Die Philosophie der Antike: Sophistik und Sokratik, Plato und Aristoteles.* In: W. Röd (Hg.), *Geschichte der Philosophie.* München: C. H. Beck.

Hadot, Pierre (1999). *Wege zur Weisheit. Oder: Was lehrt uns die antike Philosophie?* Frankfurt a. M.: Eichborn.

Heidegger, Martin (1967). *Platons Lehre von der Wahrheit* [1931/32; 1942]. Frankfurt a. M.: Vittorio Klostermann.

Hersch, Jeanne (1989). *Das philosophische Staunen. Einblicke in die Geschichte des Denkens.* München/Zürich: Piper.

Höffe, Otfried (Hg.) (2011). *Platon: Politeia.* Berlin: Akademie Verlag.

Höffe, Otfried (2006). *Aristoteles.* München: C. H. Beck.

Horn, Christoph (2013). *Philosophie der Antike. Von den Vorsokratikern bis Augustinus.* München: C. H. Beck.

Horn, Christoph und Rapp, Christof (2008). *Wörterbuch der antiken Philosophie.* München: C. H. Beck.

Hossenfelder, Malte (1995). *Die Philosophie der Antike 3: Stoa, Epikureismus und Skepsis.* In: W. Röd (Hg.), *Geschichte der Philosophie.* München: C. H. Beck.

Huizinga, Johan (1956). *Homo ludens. Vom Ursprung der Kultur im Spiel.* Reinbek bei Hamburg: Rowohlt.

Jaeger, Werner (1989). *Paideia: Die Formung des griechischen Menschen.* Berlin/New York: De Gruyter.

Jaspers, Karl (1982). *Weltgeschichte der Philosophie. Einleitung.* Aus dem Nachlass herausgegeben von Hans Saner. München/Zürich: Piper.

Kunzmann, Peter und Burkard, Franz-Peter (1991). *Atlas Philosophie.* München: Deutscher Taschenbuch Verlag.

Kutschera, Franz von (2018). *Die Anfänge der Philosophie: Eine Einführung in die Gedankenwelt der Vorsokratiker.* Münster: Mentis.

Lloyd Geoffrey E. R. (1968). *Aristotle. The Growth and Structure of his Thought.* Cambridge: Cambridge University Press.

Marcuse, Ludwig (1972). *Philosophie des Glücks. Von Hiob bis Freud.* Zürich: Diogenes.

Martens, Ekkehard (2015). *Stechfliege Sokrates. Warum gute Philosophie wehtun muss.* München: C. H. Beck.

Masek, Michaela (2012). *Geschichte der antiken Philosophie.* Wien: Facultas.

Meister, Klaus (2010). *»Aller Dinge Maß ist der Mensch«. Die Lehren der Sophisten.* München: Wilhelm Fink.

Moravcsik, Julius (1992). *Plato and Platonism.* Oxford: Blackwell.

O'Meara, Dominic J. (1993). *Plotinus. An Introduction to the Enneads.* Oxford: Clarendon Press.

Pieper, Annemarie (2017). *Einführung in die Ethik.* Tübingen: A. Francke.

Pleger, Wolfgang (2017). *Das gute Leben. Eine Einführung in die Ethik.* Stuttgart: J. B. Metzler.

Popkin, Richard H. (1979). *The History of Scepticism from Erasmus to Spinoza.* Berkeley/Los Angeles/London: University of California Press.

Popper, Karl R. (2005). *Die Welt des Parmenides. Der Ursprung des europäischen Denkens.* München/Zürich: Piper.

Powell, Barry B. (2004). *Homer.* Oxford: Blackwell.

Primavesi, Oliver und Rapp, Christof (2016). *Aristoteles.* München: C. H. Beck.

Rapp, Christof (2001). *Aristoteles. Zur Einführung.* Hamburg: Junius.

Rapp, Christof (1997). *Vorsokratiker.* München: C. H. Beck.

Reale, Giovanni (1992). *Storia della filosofia antica.* Milano: Vita e pensiero.

Ricken, Friedo (1988). *Philosophie der Antike.* Stuttgart: Kohlhammer.

Röd, Wolfgang (2000). *Der Weg der Philosophie Bd. 1: Altertum, Mittelalter, Renaissance.* München: C. H. Beck.

Röd, Wolfgang (2013). *Heureka! Philosophische Streifzüge im Licht von Anekdoten.* München: C. H. Beck.

Roeske, Kurt (2018). *Im Dialog mit der Antike. Göttliches Wirken und menschliche Verantwortung. Texte und Interpretationen von Hesiods Theogonie bis zu Ovids Orpheusmythos.* Würzburg: Königshausen & Neumann.

Roochnik, David (2004). *Retrieving the Ancients. An Introduction to Greek Philosophy.* Oxford: Blackwell Publishing.

Ross, David (1951). *Plato's Theory of Ideas.* Oxford: Clarendon Press.

Scherer, Georg (1993). *Philosophie des Mittelalters.* Stuttgart: J. B. Metzler.

Schnädelbach, Herbert (2012). *Was Philosophen wissen und was man von ihnen lernen kann*. München: C. H. Beck.

Scholz, Peter (2015). *Der Hellenismus: Der Hof und die Welt*. München: Beck.

Schriefl, Anna (2019). *Stoische Philosophie: Eine Einführung*. Stuttgart: Reclam.

Severino, Emanuele (1995). *Tautótes*. Milano: Adelphi.

Störig, Hans Joachim (2013). *Kleine Weltgeschichte der Philosophie*. Frankfurt a. M.: Fischer.

Taylor, Christopher C. W. (1998). *Sokrates*. Freiburg/Basel/Wien: Herder.

Vernant, Jean-Pierre (2013). *Götter und Menschen. Griechische Mythen neu erzählt*. Köln: Dumont.

Warren, James (2007). *The Presocratics*. Stockfield: Acumen.